Ricordi Indimenticabili

Swami Purnamritananda Puri

Mata Amritanandamayi Center, San Ramon
California, Stati Uniti

Ricordi Indimenticabili
Swami Purnamritananda Puri

Pubblicato da:

Mata Amritanandamayi Mission Trust
 Mata Amritanandamayi Center
 P.O. Box 613
 San Ramon, CA 94583
 Stati Uniti

────────────── *Unforgettable Memories (Italian)* ───────────

© Copyright 2010 Mata Amritanandamayi Mission Trust, Amritapuri, Kerala 690546, India

Tutti i diritti riservati. Ogni riproduzione, archiviazione, traduzione o diffusione, totale o parziale, della presente pubblicazione, con qualsiasi mezzo, con qualsiasi scopo e nei confronti di chiunque, è vietata senza il consenso scritto dell'editore.

Prima edizione a cura del MA Center: agosto 2016

In Italia: www.amma-italia.it

In India:
 inform@amritapuri.org
 www.amritapuri.org

Dedica

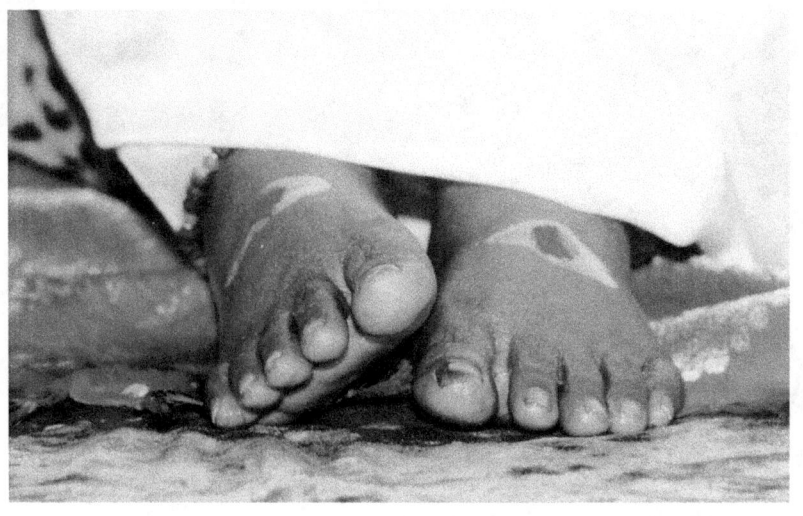

Offro umilmente questo libro ai sacri piedi del mio Satguru, Sri Mata Amritanandamayi Devi.

Indice

	Prefazione	6
1.	Nel grembo di Amma	8
2.	Il tempio di Vettikulangara dedicato a Devi	14
3.	Sete dell'anima	20
4.	Poteri paranormali	28
5.	Nella nicchia del cuore	38
6.	Il sole della conoscenza	44
7.	Innamorato della natura	52
8.	Prove nel cammino verso Dio	62
9.	La dolcezza della morte	72
10.	Onam per sempre	78
11.	L'annuncio dell'alba	84
12.	Lezioni di altruismo	91
13.	La trasformazione del cuore di un ateo	98
14.	Regalo di compleanno	106
15.	La scomparsa di un guardiano	110
16.	Il suono di una melodia	117
17.	La visione della bellezza divina	128
18.	Le prove inviatemi da Amma	135
19.	Upavasa	139
20.	Pellegrinaggio ad Arunacala	144
21.	Saggia semplicità	160
22.	Espressioni divine	167
23.	Nella metropoli di Mumbai	178
24.	L'uomo nell'era delle macchine	200
25.	Ritorno dalla Madre	206
26.	I divini bhava interiori	212
27.	Annapurnesvari	220
28.	Gli abbagli di un discepolo	230
29.	Meraviglie di amore divino	244
30.	Svegliatevi, figli miei!	
	Glossario	*247*

Prefazione

I grandi *guru* destano i grandiosi alberi che giacciono dormienti nei piccoli semi. Amma trasforma pietre dure e acuminate in splendidi diamanti. Nella profondità di ogni cuore si trova un bambino che, agitando le manine e i piedini, grida: "Mamma! Mamma!" Con il suo tocco, Amma risveglia l'innocenza di quel bambino.

In ogni espressione di un *mahatma* (grande anima) possiamo sicuramente cogliere migliaia di significati. Il silenzio, lo sguardo e il sorriso disseminati tra le sue parole sono avvolti da migliaia di petali. Allo schiudersi di ogni petalo, innumerevoli ricordi si risvegliano... ricordi indimenticabili e rigeneranti che sopravvivono alla morte.

Viviamo in un'epoca intollerabile persino per la Madre Terra che tutto sopporta: gli orrori di questo tempo ci travolgono come l'onda di uno tsunami o il vortice di un tornado. L'intellettuale vacilla alla vista dell'incubo della catastrofe imminente e come un bacio rinfrescante sulla fronte, una carezza consolatrice, un diluvio di amore per un cuore febbricitante, Amma giunge a noi.

Con il telescopio l'uomo riesce a scorgere buchi neri distanti migliaia di anni luce, ma non vede i buchi neri dentro di sé. Amma illumina queste caverne buie.

Per Amma non esistono barriere di spazio e tempo. Come Madre dell'Universo, sa che la pena dell'anima è sempre e ovunque la stessa. In sua presenza, i cuori spezzati dalle esperienze e dai condizionamenti del passato assaporano la pace, si espandono quanto l'universo e l'individuo cosmico viene alla luce.

I ricordi che narrano di come molti siano stati condotti da Amma dalla densa giungla dell'intelletto al pergolato ombreggiato del cuore, sono intessuti in storie che parlano di un'alchimia che riesce a trasmutare in oro persino i rifiuti. Questo libro contiene parabole memorabili di come Amma, il Satguru, trasmetta al discepolo segreti che nessuna filosofia è in grado di spiegare.

Una breve nota sul linguaggio: per convenzione, nel libro viene adoperato il pronome maschile quando ci si riferisce a Dio; va tuttavia sottolineato che il Supremo trascende ogni genere. In onore del corpo femminile che Amma ha assunto, il pronome femminile viene usato quando è riferito al Guru. Le parole indiane e altri concetti utilizzati nel libro sono spiegati nel Glossario.

Nel grembo di Amma

1

O dea dell'universo, posso iniziare a scrivere? Come scriverò? Come può questo calamo scrivere spontaneamente? Come posso trattare temi che la lingua non osa nemmeno nominare?

Non avrei mai pensato che tu avresti presentato così chiaramente argomenti, questioni che non avrei mai immaginato, segreti della vita che superano il potere dell'immaginazione! Non riesco a capire come possa essere degno di tutto questo! Deve essere la tua grazia onnipotente, a cos'altro attribuirlo?

Giove ha compiuto due rivoluzioni complete da quando tu hai rimosso tutti i miei preconcetti e sei entrata nel mio cuore. Sembra tutto così incredibile, è come un sogno. Non sono riuscito a comprendere pienamente la tua gloria.

Se il satellite che si muove nell'immensità dello spazio non riesce a descrivere fino in fondo nemmeno un solo pianeta, come può l'ego scandagliare gli infiniti scenari che lo circondano? Essi lo schiacceranno! Questo satellite umano, che veniva attratto verso quella stella che si chiama Amma, ignorava la sua imponente magnitudine.

Quanto tempo mi è occorso per espandere la mia visione e accorgermi che colei che io consideravo mia madre, la madre che sarebbe stata solo mia, è la Madre di tutte le cose! Oggi so che il suo grembo è vasto come il cosmo. Uno scienziato che si accinge a studiare un pianeta resta confuso quando col telescopio vede migliaia di stelle.

Amma non è un fenomeno comprensibile nell'arco di una vita: è un tesoro di infiniti segreti, impossibili da svelare anche se si trascorressero innumerevoli vite a studiarla. La sua purezza non potrà mai essere compresa dalla mente né distinta dall'intelletto.

Nel mondo attuale sono molti gli intellettuali che fingono di non vedere ciò che è visibile a occhio nudo. Dovrebbero essere commiserati per la loro incapacità di riuscire a distinguere ciò che invece dovrebbe essere evidente. È necessario rimuovere la polvere dallo specchio della nostra mente, perché possa riflettere il mondo così com'è. L'immagine deformata potrebbe non dipendere dall'oggetto riflesso, ma dalle imperfezioni dello specchio. È la nostra mente-specchio distorta che ci preclude la visione dell'Unità indivisa.

Era questa la condizione della mia mente quando incontrai Amma per la prima volta, molti anni fa. Lei fuse i frammenti scheggiati della mia mente nella fornace dell'amore, li purificò e li riforgiò attraverso gli insegnamenti sull'Unità. Com'è possibile negare che tu sia Dio, tu che, con le sole carezze consolatrici di un flusso incessante di compassione, doni ai grezzi macigni della mente umana la levigatezza e la lucentezza di bianche pietre, sottraendoli alle violenti fiamme della rabbia? Quali meriti ho accumulato nelle mie vite passate per meritare questa pioggia di benedizioni?

Non avrei mai immaginato che la vita potesse essere così meravigliosa, che l'amore di Dio avrebbe oltrepassato ogni confine. Prima di incontrare Amma avevo una determinata concezione della vita. Spesso esiste un grande divario tra le nostre convinzioni e la realtà, come negarlo? L'esortazione di Amma ad accettare ogni cosa come *prasad* del Signore mi ha rafforzato e ha risvegliato la fiducia in me stesso.

Amma mi ricordò che nel mondo esistono migliaia di persone che soffrono. Le esperienze di quei primi tempi con Amma devono avermi aiutato a sviluppare un cuore capace di comprendere il dolore degli altri e una mente che si commuove nell'ascoltare le pene altrui.

Una volta, dopo un *bhava darshan*, ero sdraiato nella veranda della capanna di fronte al *kalari*[1] e pensavo: "O Dio, fa' che almeno questo sia vero! In quanti luoghi ho vagato alla ricerca di Dio! Quante prove ho escogitato per dimostrare la non esistenza di Dio! Per quanto si può fingere di non vedere le atrocità commesse nel Suo nome? Oggigiorno, la parola stessa 'Dio' genera sospetti. I religiosi stanno sfruttando la fede degli uomini in Dio per promuovere la propria religione".

Per lo zio che mi aveva condotto a vedere Amma non fu facile riportarmi a casa. I miei familiari mi avevano mandato con lui perché avevano pensato che una macchia bianca, apparsa improvvisamente sulle mie labbra, fosse il presagio del morso di un serpente. Il presagio che mi portò a incontrare Amma diventò una cura per la malattia della mondanità. In poche settimane la macchia gradualmente scomparve.

Come può un essere umano diventare Dio? Dio ha un corpo? Tutto ciò in cui crediamo è vero? L'osservatore in me stava ignorando la mente dubbiosa e si compiaceva nei dolci ricordi dell'amore e della compassione di Amma.

Il mio *purvashram*[2] si trovava vicino a una grande risaia, a 20 chilometri circa da Vallickavu. Solevo sedere sotto un albero di *Ilanji* (kabiki) e osservare la risaia. Era questo il luogo dove da piccolo facevo sempre volare gli aquiloni: camminavo per lunghi tratti lungo le strisce di terra tra le risaie per godere della bellezza delle spighe ondeggianti al vento. Spesso, quando pedalavo sulla

---

[1] Tempietto ancestrale dove Amma dava generalmente il darshan.
[2] Letteralmente 'ashram precedente'. Chi ha intrapreso il percorso monastico spezza i legami con la vita vissuta fino ad allora e si riferisce ai membri della propria famiglia biologica o alla casa in cui abitava prima di entrare in monastero come a una parte del suo purvashram. Pertanto 'madre purvashram' significa madre biologica (contrapposta alla madre spirituale).

mia bicicletta immerso in quello spettacolo naturale stupendo, la bicicletta scivolava dal sentiero e quando mi rialzavo con i vestiti sporchi mi chiedevo se qualcuno mi avesse visto.

Ma dopo aver incontrato Amma, il mio atteggiamento è cambiato molto. Sto cominciando a vedere chiaramente il riflesso di Jagadishvari, la Dea dell'universo, nelle gocce di pioggia e di rugiada. Anche se dovessi cadere nell'acqua sporca, ora saprei di essere ancora nel grembo di Jagadishvari. Come diventarono così piacevoli le prime lezioni di adorazione? Com'è nata la compassione per il topo che scappava con le spighe di riso? Le mie dita sono riluttanti a cogliere i fiori, anche se destinati al culto di Dio. Quando componevo le ghirlande infilando i fiori sparsi attorno all'albero di kabiki, mia nonna protestava: "Mio caro, come puoi offrire a Dio ciò che è caduto per terra? Dovresti fare le collane di fiori solo con quelli raccolti dall'albero".

La sensazione di dover chiedere scusa alle piante per il dolore che provocavo loro nel raccogliere i fiori, diventò più forte: stavo lì fermo a osservare, paralizzato, il dispiegarsi in me di ogni *sankalpa* (ferma intenzione, proposito) di Amma, segno della sua pioggia di benedizioni.

Se non ci fosse il sole, la luna avrebbe qualche attrattiva? Non sono forse le tue mani invisibili che offrono luce e vita al mondo e lo dipingono di colori? Mentre infilavo le ghirlande nella stanza della *puja*, incominciai a comprendere che la raffigurazione scintillante della divinità non è solo un'immagine. Persino nei luoghi privi di tali raffigurazioni iniziavo a percepire quell'invisibile consapevolezza dispensatrice di compassione.

C'era un tempo in cui pensavo che essere forti significasse avere un forte intelletto e credevo che la scienza sarebbe stata in grado di conquistare l'universo. L'idea che essa fosse all'origine di ogni progresso cominciò a scomparire.

Una volta, quando ero molto piccolo, mi recai con mia madre purvashram in un tempio dedicato a Devi per un incontro speciale di preghiera. Allora pensavo che le divinità scolpite fossero esseri viventi. Quel giorno strisciai nel grembo del simulacro della Madre fingendo di bere il suo latte, inconsapevole della folla che si era formata intorno, guardandomi. A quell'età ignoravo che si trattasse di un idolo. I bambini possiedono la necessaria innocenza che rende possibile lo sperimentare il rapimento dell'anima, una benedizione che è il culmine dell'immaginazione.

Tuttavia, il cambiamento provocato dall'insegnamento moderno fu immenso. Incominciai a dubitare dell'esistenza stessa di Dio e a chiedermi se ci fosse bisogno del Suo aiuto. Iniziai a inorgoglirmi delle mie abilità. Le scuole sono diventate un'arena in cui viene distrutta l'innocenza dei bambini. Solo ora ho iniziato a notare il cambiamento nella mia mente. L'innocenza, la semplicità e la mancanza di paura sono i segni che contraddistinguono l'onniscienza. La forma meravigliosa di Amma, che brilla con gli attributi dell'onniscienza, diventò sempre più chiara nella mia mente.

Il tempio di Vettikulangara dedicato a Devi

2

Il tempio di Vettikulangara dedicato a Devi Katyayani era vicino al mio purvashram. Quando ero bambino, terminata la scuola, correvo al tempio. E sapete perché? Per giocare! Anche se cadevi tante volte su quel dolce terreno non ti facevi mai male. Allora non sapevo che anche quelle sabbie bianche erano il grembo di Amma. Dopo aver giocato, stanco, andavo a sedermi nel tempio, sotto l'albero di banyan, e solo allora notavo le statuette presenti. Le persone adoravano le divinità in tutte le teche del tempio senza comprendere il significato di quelle forme divine. Ciò nonostante, la fede che questa adorazione evocava era sicuramente grande.

Mia nonna aveva l'abitudine di raccontarmi storie su persone che avevano avuto visioni di Devi proprio in quel santuario: "La Madre Divina non lascerebbe uscire indenne nemmeno un ubriacone che oltrepassasse la proprietà del tempio". Ogni volta che lei ripeteva questa frase la sua espressione cambiava. Ora ricordo con stupore che la stella natale della divinità del tempio è Kartika, la stella natale di Amma. Esperienze successive mi rivelarono che non si trattava di una mera coincidenza. Amma doveva aver avuto certe intenzioni per associarmi a quel tempio durante gli anni della mia formazione.

I templi non sono forse uno strumento grazie al quale le persone comuni possono sperimentare facilmente la presenza di Dio? Amma ha detto: "Anche se il vento soffia ovunque, si avverte maggiormente la sua presenza sotto un albero. Il fresco si sente più intensamente vicino a un ventilatore". Anche se Dio si trova ovunque, il Divino si percepisce più chiaramente in un santuario o alla presenza di un mahatma.

La persona spiritualmente illuminata può infondere *prana shakti* (forza vitale) persino nelle pietre, saturandole di consapevolezza divina. Quando la pietra si sottomette completamente allo scultore, diventa un simulacro; il suo posto, pertanto, non è più sulle scale, ma nel tempio. Quando la pietra di una scalinata, che supporta silenziosamente il calpestio, il maltrattamento e i colpi di molte persone, finisce nelle mani di uno scultore esperto, diventa un simulacro capace di dare pace a migliaia di individui.

Gli edifici dove i mahatma installano le divinità infondendo loro la propria prana shakti vengono trasformati in luoghi di pellegrinaggio consacrati. Se una pietra, considerata inanimata, può acquisire la forza per donare pace a migliaia di persone, perché gli esseri umani non potrebbero fare altrettanto?

"Sono l'egoismo e l'egocentrismo, sono questi", dice Amma, "gli ostacoli che impediscono tale conseguimento".

Quante migliaia di persone simili a pietre sono state trasformate da un solo tocco di Amma in volontari capaci e altruisti! Ahalya, che era imprigionata in una pietra, fu trasformata in una bellissima donna al tocco del piede del Signore Rama[3]. Allo stesso modo, di quanti miracoli siamo stati testimoni grazie a quel flusso di amore che accende la bellezza dell'anima!

Fu durante il periodo dell'università che la mia fede in Dio cominciò ad affievolirsi. Studiando le meraviglie della natura, mi dimenticai del potere che vi sta dietro. Gli scienziati si sforzano di scoprire cosa sia questo universo ma non si chiedono *perché* esso esista. La spiritualità ci insegna a riflettere sul perché della creazione, sul perché di questa vita. È impossibile che un mondo basato su ben determinate leggi possa essere privo di significato, esso è la via che conduce l'umanità alla Pienezza. Tutte le esperienze

---

[3] Riferimento a un episodio nel Ramayana in cui Ahalya viene maledetta dal marito per la sua infedeltà e trasformata in pietra. Successivamente, il Signore Rama la libera dalla maledizione camminando sulla pietra.

che viviamo qui sono parte dell'addestramento necessario per raggiungere la meta suprema. Coloro che riescono a vedere l'universo come una scuola di formazione, lo considerano un luogo di esperienze divine.

Per usare il linguaggio di Amma, siamo qui per un picnic. Se diamo eccessiva importanza a questo mondo, saremo destinati a soffrire; coloro che prediligono le cose mondane verrebbero distrutti dalla perdita di tutto ciò che ha valore ai loro occhi. Dobbiamo vivere con la consapevolezza che tutto qui è perituro. Mentre a ogni passo ci eleviamo verso la completezza, dobbiamo lasciare alle spalle i gradini inferiori. In modo analogo, potremmo perdere tutto ciò che abbiamo raggiunto fino a quel momento.

Amma ha scoperto il segreto di come salvare l'umanità dalle sofferenze della vita. È lo stesso segreto che il principe Siddharta scoprì quando diventò Sri Buddha. Qual è? Che in questo mondo la sofferenza non esiste! Se il mondo non esiste, come può la sofferenza essere reale?

Le esperienze causate dal mondo illusorio sono tutte irreali, soltanto chi ne fa l'esperienza è reale. Il Sé, che è testimone di ogni cosa, è l'unica realtà.

Il mondo dei sogni è reale per chi sta sognando. Esiste soltanto un modo per aiutare un uomo che si dispera durante un incubo: svegliarlo. Quando chi sogna si desta, il mondo onirico diventa irreale. Soltanto chi è desto può risvegliare gli altri.

Amma è venuta a noi, che soffriamo sotto l'incantesimo del mondo dei sogni, a risvegliarci. È entrata nei nostri sogni per condividere i nostri dolori e cercare di scuoterci dal nostro torpore, ma noi rimaniamo sprofondati nel nostro piacevole sonno, non ne abbiamo mai abbastanza. Per quanti piaceri ci concederemo, essi non ci appagheranno mai. Ciò implica che in passato dobbiamo aver sperimentato una gioia molto più grande.

Oggigiorno, quando un bambino piange, la madre gli mette in bocca un succhiotto e lui smette di piangere per un po'. Quando riprende a piagnucolare, la madre riempie il biberon e glielo mette in mano. Dopo qualche tempo, il bambino ricomincia a strillare, ignorando sia il biberon sia i giocattoli. A quel punto la madre interrompe le sue faccende e, prendendo il figlio tra le braccia, lo allatta. Allora il bambino smette di piangere.

Se il bambino avesse pianto per la fame, il biberon sarebbe stato sufficiente. Ma la bottiglia non procura il calore del seno e dell'affetto della mamma; il biberon non basterà mai al bambino che ha conosciuto la dolcezza del latte e la beatitudine delle affettuose coccole materne.

In modo analogo, paragonati alla beatitudine di *Brahman* (il Supremo) di cui abbiamo goduto quando eravamo una cosa sola con Dio, i piaceri materiali non sono niente. Ed è proprio questa la ragione per cui quei piaceri diventano la causa della nostra scontentezza. Poiché in passato abbiamo conosciuto la Pienezza, nulla, se non l'esperienza di Dio, ci può soddisfare.

Il desiderio di godere dei piaceri dei sensi non fa che aumentare il nostro senso di incompletezza. Lo scopo della venuta di Amma in questo mondo è quello di aiutarci ad accorgerci che, di fatto, siamo degli esseri completi.

Sete dell'anima

3

Da ogni dove giungono a noi le grida del *jivatma* (Sé individuale) che cerca di fondersi con il *Paramatma* (Sé supremo). Colui che osserva il sole tramontare, capirà immediatamente che cosa sia lo struggimento provocato dalla separazione. Se usiamo il nostro discernimento, potremo vedere questa angoscia impressa in ogni angolo della natura.

Ogni oggetto nell'universo è in atteggiamento di preghiera, solo gli esseri umani vivono nutrendo desideri egoistici. Tutti sono alla ricerca di Dio, la quintessenza della beatitudine. Sebbene possiedano molti oggetti, le persone non riescono ancora a gioire della beatitudine, sono sempre alla ricerca di qualcosa di nuovo.

Come una pioggia di ambrosia, Amma è venuta a concedere rifugio ai jivatma estraniati dalla vera beatitudine e a infondere loro la forza di liberarsi dall'affascinante rete del samsara, il ciclo di nascita e morte. Ciò nonostante, la maggior parte delle persone è intrappolata in futili piaceri. Mi sembra che Amma ci riporti alla nostra infanzia, quando ci divertivamo a guardare le nuvole e a immaginare che avessero la forma di cavalli ed elefanti!

Non ci accorgiamo dei miracoli di cui siamo circondati. Vi sono tali meraviglie ovunque in natura! Se ci fermassimo a osservare le miriadi di stelle sparse nell'immensità infinita dell'azzurro dei cieli, i nostri ego smisurati si frantumerebbero.

Quando dalla riva osserviamo il mare che converge con il cielo e ammirando il bellissimo gioco di colori all'orizzonte riflettiamo sulla profondità dell'oceano, il nostro ego rimpicciolisce. Un uomo che si trova vicino a un monte maestoso comprende quanto egli sia minuscolo. Allo stesso modo, quando siamo in presenza di un mahatma, diventiamo un nulla. Le vette innevate dei nostri ego si sciolgono in lacrime e diventano un flusso di devozione che, simile al Gange, spazza via ogni impurità mentale. Di fronte ad Amma è possibile annullarsi; se riusciamo ad annullarci, possiamo diventare tutto. Amma ci infonde l'innocenza di un bimbo ignorante. Mentre l'istruzione moderna ci riempie solamente della conoscenza dell'ego, il cuore di chi ha un atteggiamento di abbandono conquisterà la purezza del flauto dorato del Signore Krishna. Potremmo non avere più un'opportunità migliore di questa per realizzare il grande scopo della vita: diventare il flauto che diffonde continuamente la musica divina.

Occorre porre fine a tutte le domande. Conoscendo i pericoli dell'educazione moderna, si dovrebbe ancora frequentare l'università per ottenere un'istruzione superiore? Quando lo chiesi ad Amma, lei rispose: "Figlio, ogni cosa è divina, devi solo fare in modo che la conoscenza non diventi motivo di egoismo. Il materialismo e la spiritualità non sono due cose diverse, ciò che davvero conta è il nostro atteggiamento. Il corpo, la mente e l'intelletto sono soltanto degli strumenti che vanno utilizzati opportunamente. Così, se in futuro acquisiremo conoscenze, non diventeremo egoisti. Persino nel mondo materiale possiamo chiaramente vedere come le vite di coloro che sono venuti a contatto con i poteri divini siano state trasformate".

Dove c'è la conoscenza suprema, l'ego non può esistere, esso ha una conoscenza limitata. Semplicità e umiltà sono caratteristiche proprie dell'onniscienza e queste qualità divine sono sempre visibili in Amma.

Colui che conosce, l'atto del conoscere e il conosciuto diventano un'unica cosa. Proprio come chi stava sognando, svegliandosi, comprende che l'intero mondo dei sogni esisteva in lui, la nostra prospettiva cambia quando capiamo che la comparsa dell'universo è una nostra creazione.

La semplice presenza di un mahatma come Amma è sufficientemente potente per produrre in noi profonde trasformazioni. Nulla di ciò che accade nella vita è una coincidenza, si dice che ogni cosa abbia la sua ragione di essere. Il fatto che quando incontrai Amma per la prima volta provai un forte legame nei suoi confronti che durava da intere vite, dimostra che vi sono molti fattori a noi sconosciuti.

Ricordo un episodio che accadde quando avevo un anno. È piuttosto raro ricordarsi di qualcosa che ci capita prima dei due anni, ma questo avvenimento insolito rimase impresso nella mia memoria in modo indelebile, è vivido come se si fosse verificato ieri.

Mia madre purvashram stava cercando di farmi addormentare dondolandomi nella culla. Quando ai suoi occhi sembrai addormentato, andò in cucina. In realtà non dormivo; dopo che si fu allontanata, aprii gli occhi e, non vedendola, sbirciai attraverso le sbarre della culla: vidi una donna dal corpo splendente, vestita di candide vesti e adorna di gioielli che si dirigeva verso di me; si avvicinò alla culla e cominciò ad accarezzarmi dolcemente, inondandomi d'amore. Scorgendo quella figura sconosciuta, mi spaventai e incominciai a piangere. Sentendo le mie grida, mia madre si precipitò dalla cucina e mi trovò svenuto: vedendomi privo di sensi e immobile, cercò di rianimarmi spruzzandomi dell'acqua sul volto.

Poco dopo aprii gli occhi. Questo fatto si ripeté ogni giorno. Molti medici mi esaminarono, ma nessuno riuscì a individuare la causa dei miei svenimenti. Infine mio padre si recò da un astrologo il quale, usando conchiglie di ciprea[4], ebbe alcune intuizioni che rivelò poi a mio padre. Gli disse che mi trovavo in presenza di un essere divino e che queste esperienze erano benefiche, lo assicurò

---

[4] Alcuni astrologi utilizzano conchiglie di ciprea come strumenti di divinazione.

che non occorreva svolgere alcun rito espiatorio e gli consigliò di farmi indossare un braccialetto d'argento fatto benedire al tempio di Ettumanur per eliminare le mie paure. Non appena mi misero il braccialetto d'argento al polso, non mi accorsi più di quelle visite divine.

Non vidi più quella forma fino all'età di 14 anni, quando feci nuovamente la stessa esperienza. A quei tempi frequentavo il liceo. Da allora ho trascorso diverse ore sdraiato, senza alcun controllo del mio corpo, vivendo tutte le esperienze proprie del momento della morte. Col tempo, quelle esperienze divine, che svelavano sfere sconosciute della vita, divennero per me naturali.

Questi episodi intensificarono la mia ricerca di Dio. Le apparizioni divine mi spinsero ad approfondire la mia conoscenza sulle facoltà extrasensoriali e aumentarono il desiderio di saperne di più sui segreti della vita che vanno oltre la nostra capacità di vedere o sentire. Tale ricerca mi portò alla divina presenza di Amma, la Dea dell'universo. Quando assorbii l'amore divino di Amma, l'investigatore che era in me scomparve.

Fu durante i miei studi d'ingegneria che ebbi l'opportunità di acquisire maggiori informazioni sui poteri paranormali: assieme ai miei amici razionalisti, mi recai in diversi luoghi che si pensava fossero abitati da spettri e spiriti maligni, case frequentate da fantasmi, dimore di cosiddetti santi che asserivano di possedere poteri divini. Visitai personalmente tutti quei posti, sforzandomi con impegno di scoprire da solo la verità.

Compresi che gli spiriti e i fantasmi non erano così pericolosi come gli esseri umani! Ovunque c'è qualcuno disposto ad approfittarsi della buona fede delle persone.

Quando incontrai Amma non mi dimenticai di porle le domande che avevo in mente. Tuttavia, solo in seguito mi accorsi che stavo interrogando un'incarnazione divina.

"Amma, vorrei chiarire molti dubbi. Posso fare delle domande?"

Quando sentì la mia richiesta, Amma sorrise e disse: "Ma Amma non sa nulla! Continua, figlio, chiedi. Amma mormorerà qualche sciocchezza".

"Amma, Dio esiste?"

La sua risposta fu rapida: "Figlio, non è una domanda insensata questa? Chiedere se Dio esiste è come chiedere: 'Ho una lingua?' con la tua stessa lingua. Perché me lo chiedi, figlio?"

"Se Dio esiste, ho abbastanza rabbia in me da ucciderlo!" Quando udì la mia risposta, Amma rise sonoramente e chiese: "Perché, figlio?"

Spiegai perché fossi in collera con Dio: "Così tante persone al mondo soffrono perché sono malate e povere, mentre alcune vivono in mezzo al lusso. Nel creato ogni essere vivente è cibo per un altro. Sono furioso con il Dio che ha dato origine a questo mondo crudele".

Amma rispose come se concordasse con la mia critica: "Tu piaci ad Amma, figlio. Non sei in collera con Dio per un motivo egoistico, ma perché spinto dalla compassione per gli altri. Dio dimora nel cuore di chi prova compassione per gli altri. Dio non è qualcuno che castiga, Egli protegge chiunque. Siamo noi che ci puniamo da soli. Tutte le nostre azioni sono registrate nella natura, dobbiamo sperimentarne le conseguenze in questa vita o in quelle future. Se viviamo come animali dopo aver ricevuto un corpo umano, potremo rinascere come animali o diventare cibo per un altro animale. Dio non può essere incolpato di questo".

"Amma, tu sei Dio?"

Amma rise e disse: "Figlio, Amma è una ragazza stravagante. Nessuno l'ha messa in prigione, ecco perché è ancora qui. Figlio, Amma non ti sta dicendo di credere in lei o in un Dio che abita in cielo. È sufficiente che tu creda in te stesso, ogni cosa è in te.

Come l'albero gigantesco aspetta di emergere dal seme, il potere divino pervade l'intero universo. Se una persona risveglia quel potere divino con la preghiera, la meditazione e le buone azioni, può raggiungere la Completezza, può fondersi in Dio e trascendere così la nascita e la morte. Lo scrigno che contiene i segreti dell'universo si aprirà. In quello stato scorgerà Dio in tutte le creature, animate e inanimate. Vedendo Dio in tutte le cose, otterrà la purezza per amare e servire. Questo è lo stato supremo che può essere raggiunto da un essere umano".

Amma chiuse lentamente gli occhi. Rimasi a osservare quel viso che risplendeva dell'estasi dell'unione con Brahman. Quando notai le glorie infinite di Dio in Amma, non riuscii a chiedere altro.

I mahatma si incarnano per insegnare al mondo come un essere umano può raggiungere la Pienezza. La vita di Amma prova che nulla, nemmeno l'essere nati nelle circostanze più sfavorevoli, è un ostacolo alla realizzazione di Dio.

Mi fu chiaro allora che niente nella vita è casuale, dobbiamo acquisire la purezza mentale per comprendere il significato celato in ogni suo evento. Vi sono scopi ben precisi che sottendono la vita di Amma e lei deve aver fatto i preparativi necessari molto tempo prima. Incominciai inoltre a capire che Amma aveva da tempo preso le precauzioni necessarie per proteggerci dalle grinfie del samsara. Incominciò a crescere in me la sensazione che mi fosse stata donata una vita nuova. Il resto della mia vita è un ritorno all'infanzia. Le lacrime sono testimoni della verità che la presenza divina di Amma è sufficiente per risvegliare l'innocenza perduta.

Poteri paranormali

4

Lassù in alto, il cielo infinito e sconfinato! Che universo affascinante con pianeti e satelliti che ruotano intorno a scintillanti stelle infuocate! Il cielo, il mare, le montagne, le valli, gli uccelli, gli animali, i fiori e gli alberi ci inebriano con la loro bellezza variopinta. Chi si cela dietro la magia della natura? Come hanno avuto origine tutte queste cose? Sono state create da Dio?

Gli scienziati intenti a studiare i fenomeni cosmici avvertono le limitazioni della mente e dell'intelletto e più aumenta il loro sapere, più si accorgono di quanto sia abissale la loro ignoranza. I più geniali pensatori, incapaci di svelare i segreti più nascosti del creato, restano sconcertati. I *rishi* (veggenti) non si chiesero mai *cosa* fosse, ma piuttosto *perché* esistesse questo universo.

Questo mondo è lo strumento utilizzato da Dio per condurre l'umanità alla Pienezza. Esso è una fonte inesauribile di meraviglie ed elargisce innumerevoli esperienze, commisurate ai vari livelli di maturità e comprensione delle persone.

Ognuno vive nel proprio mondo, è la mente umana che crea il paradiso e l'inferno.

Le esperienze cambiano continuamente, sono irreali, solo Colui che fa l'esperienza è reale. Quando lo Sperimentatore verrà conosciuto, tutto il resto scomparirà e la Verità verrà realizzata; si acquisirà la consapevolezza racchiusa nell'affermazione tratta dalle Scritture *"Brahma satyam, jagan mithya"* (Solo Brahman è vero, il mondo è illusorio). Dio ci ha donato questa vita per permetterci di conseguire tale consapevolezza.

Nulla può essere rifiutato. Dobbiamo piuttosto aprire il nostro cuore sino ad abbracciare ogni cosa. Questo è quello che ci indica

Amma: la capacità di vedere soltanto il bene. Assumendo il *bhava* (atteggiamento divino) della madre, Amma ci dona la purezza interiore capace di farci vincere le distorsioni mentali e realizzare l'esperienza divina della bellezza eterna, rendendo completa la nostra vita.

Prima di conoscere Amma, innumerevoli volte sedevo solo, piangendo senza motivo! Durante le ultime veglie notturne illuminate dalla luna, la mia mente desiderava qualcosa. Amma, l'*antaryami* (Colei che risiede all'interno), deve aver cercato già da allora di consolarmi. Oggi so che furono le sue mani che sotto forma di fresca brezza vennero ad asciugare le mie lacrime.

Quando si incontra un mahatma come Amma, la mente inizia a rivolgersi verso l'interno. Arriverà un momento in cui il nostro legame con il mondo esterno verrà reciso. Tali momenti sono esperienze di vita straordinarie e importanti perché la nostra stessa individualità viene completamente scossa e gli altri cominciano a vederci sotto una nuova luce.

Ricordo una visita a una casa stregata nel nord del Kerala, che decidemmo di esplorare acconsentendo alla richiesta di un amico. Già sulla soglia di casa scorgemmo segni di cattivo auspicio: un cobra che strisciava giù per i gradini che conducevano allo stagno, ragnatele che ricoprivano la facciata esterna della casa, il battito d'ali dei pipistrelli: non occorreva scomodare gli spiriti, bastava questo per rendere agghiacciante l'atmosfera!

Il mio amico e io sedemmo sulla veranda della casa chiusa a chiave. Ispezionai l'area circostante: persino all'alba e al tramonto i raggi del sole sembravano non soffermarsi su questa casa rivolta a sud, parzialmente distrutta. Venimmo a sapere che nello stagno erano morte molte persone. Ecco perché per anni nessuno si era preoccupato di ripulire anche sommariamente il luogo.

Al crepuscolo la guardia notturna arrivò con una lanterna. Gli chiesi: "Non ha mai paura di restare qui da solo?"

"Signore, a cosa servirebbe aver paura, non devo forse sopravvivere?", disse con un sospiro. "Non riesco nemmeno a ricordare quando fu l'ultima volta che dormii a casa con mia moglie e i miei bambini. La salute non mi permetteva più di fare altri tipi di lavoro. Ecco perché ho assunto questo impiego che nessun altro osava accettare".

Ascoltammo le sue storie di fantasmi e ridemmo. Disse che per tenere lontano gli spiriti maligni indossava ai polsi e intorno al collo alcuni amuleti di metallo, consacrati in un tempio, con incisi dei mantra. Ecco perché non aveva paura! Riflettei sul coraggio che una fede innocente può dare a una persona.

La questione non è se Dio esiste o non esiste, ma se il credere in Lui porti beneficio. Un amuleto di metallo con incisi dei mantra che rende intrepida una persona: è questo senso di sicurezza che manca agli uomini e alle donne di oggi. E questa è la ragione per cui le nostre paure aumentano. La paura ci fa osservare ogni cosa con sospetto. Quando nulla può confortare una mente che manca completamente di fede, incominciamo a rincorrere miraggi nel deserto della vita. Incapaci di trovare la sorgente dentro di noi, vagabondiamo cercando di spegnere la nostra sete. Nonostante i rumori inquietanti del volo dei pipistrelli e dell'abbaiare dei cani, rimanemmo lì alcuni giorni in attesa dei fantasmi, senza imparare però nulla sui poteri paranormali. Alla fine ce ne andammo, concludendo che l'intera faccenda di fantasmi, spiriti, eccetera, fosse solo frutto dell'immaginazione delle persone.

Scoprii in seguito che molte delle cosiddette case infestate dagli spettri erano state costruite violando le norme del *vastu shastra*[5]. Non c'è dubbio che un altare con una pianta di *tulasi* in cortile e una stanza per la preghiera in bella vista con una lampada accesa trasformino l'aspetto della casa. Dobbiamo fare attenzione

---

[5] Scienza indiana, simile al Feng-Shui, che si occupa di come posizionare gli oggetti per convogliare il flusso di energia positiva e deviare quella negativa.

ad adornare i muri con figure deturpate o teste di animali. Ogni oggetto esercita un'influenza sulla mente. Non dovremmo riempire le nostre case con cose superflue. Quando entriamo in una casa con immagini disposte ordinatamente e accuratamente che evocano il ricordo di Dio e con oggetti la cui presenza dona energia, ci accorgiamo che la nostra mente si acquieta.

In presenza di Amma, ovunque lei si trovi, possiamo sperimentare la pace. Si dice che sia impossibile mettere i mahatma all'inferno: portateceli e l'inferno si trasformerà in un paradiso. Fino a quando non arrivai ai piedi di loto di Amma, la cui presenza rende possibile per ogni persona gustare la beatitudine del paradiso, continuai nella mia ricerca dei poteri paranormali. Feci visita a santuari dedicati a divinità dall'aspetto terrificante, installate al solo scopo di distruggere i nemici. Luoghi simili sfruttano le debolezze della gente a scopo di lucro. In seguito capii che il significato delle puja eseguite per eliminare i nemici non è quello di vedere morti gli avversari, ma di vincere il loro senso di ostilità. Quando gli avversari si trasformano in alleati, quando l'odio si tramuta in amore, quando la collera diventa compassione, viene ucciso il sentimento di ostilità. Prima che questo accada, dobbiamo abbandonare tutte le nostre preferenze e avversioni. Le qualità divine dovrebbero essere rinnovate dalla fresca brezza dell'amore.

Qualsiasi azione compiuta con l'intento di danneggiare gli altri diventa la causa della nostra stessa rovina. I pensieri di odio partono da noi come frecce, si dirigono verso il bersaglio designato, colpiscono la persona e tornano sibilando contro di noi, come una maledizione dieci volte più potente. Ecco perché vi sono tante storie che raccontano di come i creatori di divinità spaventose capaci di annientare i nemici abbiano dovuto affrontare sofferenze per molte generazioni. I pensieri gentili portano beneficio agli altri e ritornano a noi come un'abbondante pioggia di benedizioni.

Ricordo i festeggiamenti che si svolgevano nel tempio ancestrale della mia famiglia purvashram. A quei tempi ero uno studente. Tutti i membri della famiglia si radunavano per le celebrazioni durante le quali venivano eseguiti canti *kalamezhuttu*[6] per propiziare le divinità *naga* (serpente).

Le giovani furono disposte con ordine davanti ai kalamezhuttu disegnati di fronte alle teche della naga *yakshi* (semidea) e del re naga. I menestrelli incominciarono a cantare gli inni per propiziare questi esseri celesti. I suoni eufonici degli strumenti musicali che li accompagnavano e le urla chiassose dei devoti crearono un'atmosfera inebriante. "Cos'è tutto questo?", chiesi a mio padre. "Un benvenuto per la naga yakshi e il re naga", rispose. Sentendo la sua spiegazione, osservai la scena con entusiasmo. Il ritmo del tamburo e gli ululati[7] raggiunsero il culmine, le urla si intensificarono. Le fanciulle, che fino a quel momento erano rimaste sedute a testa china, incominciarono a mutare il proprio comportamento. La gente poteva percepire la presenza delle divinità naga in quelle giovani che, reggendo i fiori, iniziarono a ondeggiare come serpenti. Lo sguardo e i movimenti delle loro gambe ricordavano in modo straordinario il muoversi sinuoso del serpente. Le ragazze si mossero come ipnotizzate da un lato all'altro, ondeggiando al suono della musica. I devoti, in stato di completo abbandono, cominciarono a gridare. Anche dopo la conclusione della funzione, le giovani continuarono a danzare. Tutti i tentativi per fermarle furono vani. Per quanto le persone cercassero con tutta la loro forza di controllarle, non ci riuscivano.

---

[6] I Kalamezhuttu sono immagini decorative di divinità, disegnate con polvere colorata sul pavimento. I canti kalamezhuttu si riferiscono a queste immagini divine.
[7] Tradizionalmente, durante gli eventi propizi le donne gridano con voci stridule.

Com'erano diventate così forti? La musica cessò. Quando il sacerdote le asperse con acqua consacrata, esse serpeggiarono verso la soglia del tempio dove si prostrarono e rimasero lì, immobili.

Cos'era accaduto a quelle ragazze? Come può l'anima di un serpente entrare in un corpo umano? Su che cosa è basata l'adorazione dei naga? Allora non avevo risposte a quelle domande, ma non potevo ignorare il fatto che molte delle credenze che avevo archiviato come cieche erano motivo di consolazione per i fedeli.

Amma mi insegnò che se risvegliamo la *kundalini shakti* (potere del serpente) che giace assopita nel *muladhara chakra*, proveremo molte esperienze divine. Attraverso l'adorazione di Dio noi stiamo cercando di stimolare quella potenza divina capace di risvegliare le qualità divine presenti in noi. Quando il potere illimitato che dimora nel nostro muladhara chakra ed è personificato come Kanyakumari si congiunge con Paramesvara, che risiede nel *sahasrara chakra*, realizzeremo la Verità, l'essenza della realizzazione spirituale[8]. In quell'esperienza divina dove ci si immerge nel nettare dell'immortalità, il senso dell'individualità viene trasceso completamente.

Dio è privo di nomi e forme, ma tutti i nomi e forme sono Suoi. Le nostre esperienze spirituali sono basate sulla fede e sulle idee che abbiamo di Dio. Qualunque sia il concetto che abbiamo di Lui, l'Onnipotente lo confermerà facilmente. I devoti hanno esperienze diverse, basate sul loro personale concetto di divinità. Possiamo colmare il ricettacolo della nostra mente di energia divina; non è importante la forma del ricettacolo, siamo liberi di scegliere quello che preferiamo. Percorrendo il sentiero della devozione, l'adorazione di Dio ci appaga sempre più, il fervore di

---

[8] Il processo di evoluzione spirituale è simile alla leggenda di Kanyakumari. Secondo la leggenda, Kanyakumari, la Dea vergine, che risiede all'estremo sud dell'India, sta aspettando Paramesvara, il Signore Shiva, che risiede nel regno himalaiano del Monte Kailash, all'estremo nord del Paese. La loro unione simbolizza il culmine dell'evoluzione spirituale.

raggiungere l'unione con la nostra *ishta devata* (la forma preferita della divinità) fa avvizzire le nostre *vasana* (tendenze latenti).

È difficile entusiasmarsi per un Dio che non si è mai visto, ma è facile percepire tutte le divinità in un *Satguru*. Pertanto, quando sviluppiamo un'incrollabile devozione e fede nel Satguru, esperienze divine che magari ritenevamo irraggiungibili fino ad allora vengono spontaneamente a noi. Ecco perché chi ha trovato un Satguru non ha bisogno di adorare altre divinità. Un discepolo avanzato sarà in grado di percepire in un Guru i diversi aspetti di tutti i 33 crore[9] di divinità.

Una volta feci visita alla casa di una signora che da quando il figlio era morto piangeva ogni giorno. Sembrava che in alcuni momenti l'anima del figlio possedesse il corpo della madre. In quelle occasioni la voce della donna e persino la sua stessa natura si trasformavano: il suo modo di parlare e di comportarsi diventava simile a quello di un uomo. Mi accorsi di questo insolito cambiamento nel suo atteggiamento: la donna, che il dolore aveva reso fragile di salute, si spostava qua e là con il vigore di un atleta.

La morte prematura del figlio, che era stato uno sportivo, aveva spezzato il cuore del genitore. Dopo il suo decesso, ella si comportava a volte come lui. Quel giorno, sebbene indistintamente, proclamò a voce alta di essere il figlio che era venuto a far visita alla madre. Più tardi la donna chiese dell'acqua da bere: quando gliela versarono in bocca, la tranguiò avidamente. Poi chiuse gli occhi; quando le spruzzarono acqua sul viso, li riaprì e si mise a fissare i presenti. Sembrava fosse tornata normale. Chiese perché si fossero riuniti tutti intorno a lei: era evidente che non ricordava nulla di quanto fosse accaduto poco prima.

---

[9] Gli indù credono nell'esistenza di 33 crore (330 milioni] di divinità, che potrebbero essere considerate come un'espressione della possibilità del Divino indivisibile di assumere un numero infinito di forme.

Come era potuta accadere una cosa simile? Il figlio, sebbene defunto, continuava a vivere nel cuore materno. L'esperienza che egli non l'avesse lasciata, ma continuasse a vivere come parte di lei, le recava grande conforto. La mente subconscia della madre conosceva benissimo le abitudini e le azioni del figlio; il suo cuore, a cui mancava la forza di accettare la verità della morte del figlio, lottava per farlo vivere attraverso di lei. Questa fu la conclusione a cui giunse il mio intelletto. La donna non aveva recitato, ma si era completamente identificata con la personalità del figlio. Nemmeno la morte era riuscita a recidere quel legame d'amore. Mi ricorderò per sempre di questa verità, che i morti continuano a vivere nel cuore di coloro che li amano.

Le anime illuminate possono identificarsi con qualsiasi bhava divino. Questi infiniti bhava divini sono presenti in tutti noi, ma un essere umano comune può manifestare soltanto bhava umani o demoniaci, mentre un Satguru come Amma può identificarsi con qualsiasi bhava divino. Ci fu un periodo in cui ero solito esaminare minuziosamente Amma durante i suoi bhava darshan. Il Guru può conformarsi alla stupidità di qualcuno che, anche dopo averlo incontrato, cerca di valutarlo attraverso l'intelletto. Anch'io cercai di misurare l'infinità di Amma con il parametro limitato del mio intelletto. Amma, la personificazione della compassione, rimase a osservare le mie azioni simili a quelle di un bambino ignorante, ridendo beatamente delle mie follie. Quando un figlio lotta con il padre, a questi non spiace dichiararsi sconfitto. E non si dimenticherà neppure di lodare il figlio per la sua forza! Un padre si comporta così per rendere felice il proprio figlio. In modo simile, mentre con l'intelletto tentavo di analizzarla, Amma continuò a incoraggiarmi.

Dusshasana, che cercò di spogliare Draupadi, alla fine crollò esausto[10]. Finché anch'io non crollai spossato dai tentativi di svelare la Verità utilizzando i criteri dell'intelletto, Amma restò in paziente e compassionevole attesa.

---

[10] Nel Mahabharata, Duryodhana ordina a Dusshasana di spogliare pubblicamente Draupadi per umiliarla. Completamente impotente, Draupadi invoca il Signore Krishna, la cui grazia trasforma il sari da lei indossato in un tessuto senza fine.

Nella nicchia del cuore

5

C'è musica persino nel silenzio, c'è danza nell'immobilità, bellezza nella bruttezza. La freschezza della beatitudine è presente anche nell'arsura della sofferenza. Possiamo provare tutto questo quando l'amore divino si risveglia in noi. Queste furono le prime lezioni che imparai alla sacra presenza di Amma. "Figlio, come possiamo respingere qualcosa? Dovremmo sapere come gioire della vita. Dovremmo affidarci a Dio affinché Egli possa correggere le idee che abbiamo serbato sino a ora e avere un atteggiamento di abbandono. I concetti cari alla nostra mente dovrebbero essere cancellati".

Alla luce del sole non scorgiamo la presenza delle lucciole e non abbiamo nemmeno bisogno di una candela. Il sorgere della conoscenza scaccia tutte le esperienze legate al mondo fenomenico. Amma è il sole della conoscenza, è il torrente della compassione che ci porta dalle zone buie dell'individualità alla vetta luminosa della totalità.

Amma fu la risposta a tutti i miei dubbi e la dimostrazione di tutte le risposte. In sua presenza la logica e l'intelletto svaniscono. Gli strati che formavano la montagna del mio ego si sciolsero in lacrime che bagnarono i suoi sacri piedi.

La mia vita stava diventando un viaggio di ritorno verso l'infanzia perduta. I giorni che seguirono mi fecero capire che l'infanzia non è uno stato sperimentabile solo a chi appartiene a una certa fascia d'età. Chiunque arrivi alla presenza di Amma si rende conto che la dolcezza dell'infanzia può essere assaporata a ogni età. Questo diviene evidente nel momento in cui consegniamo il nostro ego a Dio o al Guru. Non mi accorsi che la vicinanza di Amma mi stava trasformando in un bambino. L'irresistibile forza delle sue qualità materne faceva nascere in me le sensazioni che i piccini provano quando muovono i loro primi passi. Il flusso dell'amore e della compassione di Amma stava sgretolando la mia entità. Percepivo nuovi significati in tutto ciò che vedevo e udivo.

* * *

Durante il festival di *Taipuyam*[11] migliaia di persone affollavano il tempio e le strade di Harippad per assistere alla danza *kavadi*. Molti devoti che avevano fatto un voto religioso, trasportavano il kavadi come offerta al Signore Muruga. Molti danzavano al ritmo dei tamburi e della musica. Quale splendida visione vedere quelle migliaia di piume di pavone muoversi in sincronia! Lo stuolo di devoti, simbolo di un'innocenza priva di ogni artificio, danzava in totale abbandono. Non lo facevano per qualcuno in particolare o per un riconoscimento. L'ebbrezza della devozione ha il suo culmine nella danza. Era chiaro a prima vista che non si trattava di danzatori a pagamento o intossicati dall'alcool. Per tali devoti, che da giorni stavano osservando scrupolosamente il voto assunto, l'adorazione del Signore Muruga e il chiedere l'elemosina allo scopo di rinunciare a ogni senso di orgoglio e onore personali, e la loro disponibilità ad abbandonare a Dio persino la coscienza del corpo, erano momenti di beatitudine indescrivibile. Erano delle anime pure che avevano dimenticato, anche se solo temporaneamente, il mondo materiale e si muovevano al ritmo della danza cosmica. Questi devoti erano trasfigurati nel veicolo colorato del Signore Muruga.

---

[11] Giorno di puyam (pushyam), l'ottavo asterismo lunare, nel mese di Tai. Giorno tradizionalmente dedicato al Signore Muruga. I devoti portano un kavadi (un palo arcuato decorato) adorno di piume di pavone per propiziare Muruga. Molti dei portatori di kavadi danzano; alcuni si trafiggono con lance o tridenti, altri, come parte del voto intrapreso, camminano su un letto di carboni ardenti.

Queste feste religiose sono un'opportunità per vivere l'esperienza sacra della trasformazione di noi stessi in strumenti del divino. Per diventare un veicolo del divino il nostro cuore dovrebbe diventare un tempio sacro. Come il Signore Krishna disse ad Arjuna: "Il corpo è un tempio", Amma ci ricorda che quando il nostro cuore diventa un tempio, allora sperimenteremo il divino in noi. Amma sta cercando di trasformare tutti noi in templi ambulanti. Dobbiamo diventare strumenti del Divino, capaci di diffondere la pace in tutto il mondo. Persino coloro che sono immersi nei piaceri dei sensi possono raggiungere l'innocenza e la purezza della devozione grazie all'osservanza di voti; i devoti che compiono tali promesse non si feriscono con i tridenti che perforano loro la pelle e non si bruciano camminando su un letto di carboni ardenti perché la loro mente dimora in Dio. In quei frangenti, gli elementi naturali non interpongono ostacoli al loro percorso. Un discepolo di Shankaracharya, che dimenticò ogni cosa quando sentì il Guru chiamarlo, attraversò un fiume camminando e, per sorreggere i suoi piedi, spuntarono petali di loto[12]. La Natura non può che correre in aiuto di coloro che dimenticano se stessi ricordando Dio. I momenti in cui scordiamo anche solo momentaneamente d'identificarci con il corpo, la mente e l'intelletto, ci regalano esperienze meravigliose.

"Figlio, esiste qualcosa di impossibile per chi ha annullato l'ego?" Le parole di Amma non sono prese in prestito da qualcuno, scorrono come ambrosia dal trono dell'onniscienza su cui è saldamente stabilita. Amma è la presenza divina che fa sembrare irrilevanti persino gli interrogativi su Dio. "C'è qualcosa che non sia Dio?" Forse non tutti riescono a capire queste parole di Amma.

Una persona comune, quando dimentica la sua individualità, può trascendere parzialmente o totalmente il piano fisico,

---

[12] Questo discepolo fu poi ricordato con il nome di Padmapada (letteralmente "dai piedi di loto").

mentale e intellettuale. Un uomo che pensa alla sua amata non noterà chi gli sta camminando davanti. Una domestica che pensa al figlioletto che ha lasciato a casa addormentato non si accorgerà se i propri vestiti prendono fuoco. Vi sono momenti nella vita delle persone comuni in cui i sensi smettono di funzionare senza che esse se ne accorgano; si tratta però di uno stato che non può durare molto. Quando la mente cessa di operare, i mondi delle esperienze divine prendono vita in noi.

Una volta, durante un Devi Bhava, mentre ero in presenza di Amma, notai un gruppo di persone del Tamil Nadu che danzavano e ridevano chiassosamente. Si muovevano velocemente a occhi chiusi e nella danza i corpi si avvicinavano l'un l'altro. La danza era così vigorosa che se si fossero urtati si sarebbero fatti davvero male! Tuttavia, il fatto che non si sfiorassero mai, nonostante danzassero a occhi chiusi, mi sorprendeva. In seguito scoprii che avevano fatto il voto di danzare attraverso il fuoco nel tempio di Madan a Kollam e che si sarebbero recati alla danza del fuoco solo dopo aver ricevuto il permesso di Amma. Chiesi loro perché volessero la sua autorizzazione e mi risposero che ogni qualvolta avevano danzato senza il suo permesso si erano bruciati. Questi devoti, che erano venuti a chiedere il suo permesso, ora danzavano in totale abbandono a una velocità spaventosa, ridendo sfrenatamente. Non capendo il significato di questo riso lo chiesi ad Amma.

"Figlio, forse pensano che Dio ami le risate stridule. La beatitudine incontrollata può culminare in simili risa. E di qui in una danza", fu la sua risposta.

Quando le parole si dimostrano insufficienti a esprimere le emozioni che sentiamo, queste si manifestano come danza. Quando ci adiriamo, i nostri gesti, lo sguardo, i movimenti, il ritmo del respiro, le espressioni facciali cambiano e diventano più rapidi e instabili. Quando proviamo amore, i nostri arti si muovono diversamente. Il nostro gesticolare e le espressioni del volto si trasformano completamente e diventano una danza. La beatitudine dell'esperienza divina ci trasforma in danzatori.

Possiamo cambiare il corso della vita secondo le nostre idee, realizzare il Dio che immaginiamo; possiamo essere tutto ciò che vogliamo, ma nella nostra mente dovrebbero sorgere innanzitutto idee positive.

Già in questa esistenza possiamo raggiungere la Pienezza. Amma ce ne indica la strada attraverso la sua stessa vita. I sacrifici a cui lei si è sottoposta per condurci dalla densa giungla dell'intelletto al pergolato ombreggiato del nostro cuore sono racconti inenarrabili. Perché sprecare questa vita umana? Perché rimanere confinati nella camicia di forza del nostro corpo, della mente e dell'intelletto? Dovremmo considerare questa vita sacra come un'opportunità per liberarci dalla gabbia degli attaccamenti che ci imprigionano e tendere verso l'eternità. Con il suo sguardo traboccante di compassione, il tocco confortante e le dolci parole, Amma opera incessantemente per risvegliare in noi le qualità divine. La vita diventa meravigliosa quando cambiamo la nostra visione delle cose.

Il sole della conoscenza

6

Il buio della notte si dilegua allo spuntare del sole e l'atmosfera di paura creata dall'oscurità si dissolve, ogni dubbio scompare e i raggi del sole infondono nuova vitalità a tutte le creature. Simile è il cambiamento creato dall'abbandonarsi ad Amma, il sole della conoscenza.

Più inquietanti della notte sono le tenebre dell'ignoranza. La mente può creare l'illusione di qualcosa che non c'è e questo fa sì che non sappiamo ciò che esiste davvero.

Se cerchiamo di fare esperienza solo del mondo esterno trascurando di conoscere noi stessi, non potremo comprendere la realtà. Tutto ciò che vediamo e sentiamo non è altro che la proiezione dei nostri concetti.

Un uomo dallo sguardo smarrito, circondato da persone che parlavano una lingua sconosciuta, si sentì rassicurato sentendo il suono della propria lingua. Quando qualcuno gli spiegò il contenuto di quella conversazione, l'espressione del volto cambiò e, a sua insaputa, un sorriso illuminò lentamente il suo viso.

Il poveretto aveva pensato di essere il loro zimbello e capì che invece lo stavano elogiando solo quando qualcuno che parlava la sua stessa lingua si premurò di spiegargli pazientemente le cose. L'uomo si rese conto di aver perso tempo a commiserarsi quando avrebbe dovuto, al contrario, rallegrarsi.

Siamo estremamente fortunati di avere fra noi un mahaguru (grande Guru) che ha assunto una forma materna per eliminare le nostre concezioni erronee sulla vita.

karayunnatiniyentinakhileshi tirupadattanannennatarinnill ayo

Perché piangi? Non sai che sei arrivato ai sacri piedi della Signora dell'universo?

Dal bhajan *'Akalattakovilil'*

Non dimentichiamoci questi versi. Anche dopo aver ricevuto il darshan di Amma, i nostri nemici, sotto forma di attrazioni e avversioni, possono causarci esperienze dolorose; ma se usiamo il nostro discernimento possiamo eliminarli.

Mi ricordo un episodio accaduto prima che mi trasferissi all'ashram. Un giorno, durante un bhava darshan, non ebbi l'opportunità di parlare con Amma e, avvilito, mi sedetti in un angolo di fronte al kalari: stava quasi albeggiando. Sebbene il bhava darshan fosse finito, Amma non era ancora andata a dormire. Molti devoti che si trovavano di fronte al kalari la circondavano: alcuni pensavano che, al termine del programma, Amma sarebbe ritornata a essere una bambina, sempre pronta a cantare a voce alta, scherzare o addirittura lottare con i devoti. Amma sapeva manifestare se stessa come una bambina in presenza di chi la vedeva così, ed essere come Devi per chi la vedeva come la Dea. Forse queste *lila* erano necessarie per insegnarci che lei poteva diventare qualsiasi cosa volesse. In sua presenza, la beatitudine dei presenti traspariva apertamente dall'espressione dei loro volti. I devoti che dovevano prendere l'autobus delle cinque del mattino non riuscivano a lasciarla: erano diventati l'immagine dell'innocenza, ignari del tempo e del luogo e cantavano e danzavano con lei.

All'improvviso Amma si alzò e corse velocemente verso di me. Sedendosi a terra accanto a me, mi chiese: "Figlio, perché sei seduto qui da solo? Non vuoi stare con Amma? Sei diventato così forte da rimanere tutto solo? La solitudine è una buona cosa, figlio mio. Devi gustare questa esperienza". Appoggiando la mia testa sulle sue spalle, Amma cantò:

*enne marannu nan ennilutennoru tankakkinavil layiccu
kotiyabdhangal pinnitta kathakalen
carusirayiludiccuyarnnu
annutottanyamayi kanan kazhinnilla ellam
entatmavennorttu*

Dimenticando me stessa, mi persi in un sogno dorato che sorse dentro di me.
Gli eventi di milioni di anni affiorarono al mio interno.
Da quel giorno non fui più in grado di percepire niente di diverso o separato dal mio Sé interiore, non c'era che una indivisibile unità".

Dal bhajan *'Anandavithiyil'*

Amma disse: "Figlio, quando conoscerai la beatitudine che la solitudine produce, non percepirai più nulla come diverso e separato". *"Da quel giorno, non fui più in grado di percepire niente di diverso o separato dal mio Sé interiore; non c'era che un'indivisibile unità".* Amma continuò a cantare varie volte questo verso.

Chi è diventato tutt'uno con la natura, chi sa di essersi dissolto nell'oceano di Brahman, non considera più nulla come 'l'altro'. Tutto è suo e vede il proprio Sé ovunque.

Solitudine non significa essere soli; pensare di esserlo ci fa soffrire, ci rende apprensivi, distrugge la fiducia in noi stessi, alimenta l'ansia e colma la vita di tristezza. Ma la solitudine è ben diversa, è uno stato di unione con Dio, di momenti inestimabili di comunione con Lui. Dove potremmo isolarci? Poiché Dio è presente in ogni luogo, non ha senso nemmeno pensare di essere soli. Dobbiamo riuscire a gustare l'esperienza della solitudine.

La vita è una corsa. Dov'è il tempo per la solitudine se siamo invischiati nella rete degli attaccamenti? La vita materiale diventa una prigione e, se vi rimaniamo, come possiamo conoscere la bellezza dell'alba dorata della libertà eterna? Ecco perché Amma dice: "Figli, liberatevi, sforzatevi di comprendere che la vostra vita è attualmente schiavitù. Cambiate le idee che finora vi sono state care".

Un elefante che è stato catturato, si arrende infine ai suoi addestratori. Dopo essere stato ammaestrato non cercherà più di liberarsi, anche se è rinchiuso in un recinto fatto di ramoscelli. Non c'è nessuno che gli dica che si trova in una gabbia di ramoscelli, tuttavia immaginandosi rinchiuso in una gabbia di ferro, l'elefante si rassegna a rimanere confinato. Noi siamo imprigionati in una gabbia ancora più fragile del recinto di ramoscelli, ma né la persona sensuale né l'indolente riusciranno a liberarsi, solo chi possiede coraggio potrà farcela. Se riusciremo a evadere da questa prigione, tutte le nozioni che avremo nutrito fino a quel momento saranno cancellate, la vita diventerà un luogo di ricreazione, dove sperimentare una gioia infinita.

Attraverso la pratica, possiamo rimanere soli anche in mezzo a una folla impazzita. È necessario educare la mente; quando riusciremo a vedere il Sé ovunque, la percezione dell' 'altro' comincerà a scomparire.

Fortifichiamoci invece di dissipare la nostra forza, diventiamo una fonte di energia. Quando la luce del Sé irromperà in ogni cosa, sorgerà la percezione che il proprio Sé è presente in tutto il creato. Ricordiamoci del consiglio di Amma: "Non sprecate la vostra energia rimproverando gli altri o affliggendovi".

Impregnamoci della beatitudine della solitudine, non isoliamoci rimuginando. Quando affidiamo le nostre sofferenze al Signore, anche le lacrime di dolore avranno un dolce sapore. È importante che facciamo attenzione a non identificarci con le nubi cariche di pioggia dei nostri dolori, poiché queste nubi sono passeggere. Come possono le nubi dei nostri deboli pensieri oscurare il sole del Sé? L'idea che possano offuscarlo è una sciocchezza. Come sono insignificanti, paragonate alla grandezza del sole! Basta un soffio per disperdere le nubi della debolezza! A noi sembra che oscurino il sole, ma in realtà coprono la nostra vista. Dovremmo aprire l'occhio che non può essere ingannato dal velo di Maya, l'occhio della conoscenza!

Amma è venuta ad aprirci l'occhio della conoscenza e, in cambio, accetta il fardello dei nostri peccati. Per i mahatma che sono la personificazione della compassione, anche il samsara è un luogo dove gioire.

Il viaggio verso il Sé è come la scalata di una montagna. Poiché si tratta di una spedizione verso la vetta, dovremmo eliminare ogni peso inutile, altrimenti il viaggio sarà duro; più leggero sarà il nostro carico, più facile sarà il cammino.

In verità, niente di tutto ciò che ci portiamo appresso è necessario. Siamo come il folle che trasporta su per la montagna sacchi pieni di rifiuti. Affaticati e incapaci di completare il viaggio, alla fine dovremo arrenderci alla morte.

Possiamo depositare ai piedi di Amma il carico dei debiti karmici che ci portiamo da molte vite. Le barriere dell'egoismo crollano davanti a lei, evocata dal potere cosmico per liberare milioni di vite. Davanti allo splendore della sua maternità universale, i dolori del samsara scompaiono.

Il mondo è sostenuto dall'incantevole potere dell'amore: dove c'è amore, non c'è distanza. Quando esiste l'amore, anche il linguaggio diventa superfluo. Il linguaggio dell'*Atma*, dell'anima, è il silenzio. Il Gange dell'Amore scende come una cascata dal pianoro dell'Atma. Le parole sono incapaci di descrivere ciò che il silenzio può rivelare. Nei tempi antichi, il Guru e i discepoli comunicavano in silenzio, avevano raggiunto uno stato in cui potevano comprendere ogni cosa senza parlare e questo è possibile quando si è nella pienezza dell'amore. La madre capisce il bisogno del figlio affamato prima che il viso del bambino impallidisca.

Nei primi anni in cui vissi con Amma, non riuscivo a comprendere dai libri o dalle parole la saggezza che lei trasmetteva col silenzio. Imparai che, se prestiamo attenzione, ci potremo accorgere dei grandi cambiamenti indotti nella nostra mente dal mutare delle espressioni del viso di Amma. Un suo unico sguardo ha più potere di mille parole. È proprio *quello* che non può essere insegnato, *ciò che* il Guru insegna!

Amma istruiva anche nel periodo in cui era assorta in meditazione silenziosa; lei cerca sempre di unire i cuori umani attraverso l'amore supremo. La grazia del Guru scende come una pioggia sul discepolo che ha un'attitudine di abbandono e amore. Fu proprio questo atteggiamento di abbandono che permise a Ekalavya di impadronirsi delle tecniche di tiro con l'arco insegnate da Dronacharya[13]. Dove c'è amore, c'è abbandono. Uno *jnani*, un conoscitore della Verità suprema, è innamorato dell'universo. Come può non amare chi sperimenta ogni cosa in se stesso? Quando il bimbo Krishna aprì la bocca per mostrare l'intero universo, Yashoda perse i sensi. Sebbene la mente dei suoi figli non sia così forte da sostenere questa visione cosmica, Amma è venuta a noi, pronta a farci capire ogni cosa attraverso il suo affetto materno.

Ogni singolo pensiero della nostra mente ha una grande influenza sulla natura. È quindi un crimine inquinare la natura con i cattivi pensieri.

"Manah kritam kritam rama, na sarira kritam kritam", afferma il saggio Vasishtha nello *Yoga Vasishtha*. Si considera azione ciò

---

[13] Il Mahabharata narra la storia di Dronacharya, maestro di tiro con l'arco, che rifiutò di insegnare quest'arte a Ekalavya quando questi gli chiese di farlo. Ekalavya, tuttavia, imparò di nascosto, osservando Dronacharya in segreto e facendo pratica di fronte a una sua immagine. Quando Dronacharya lo venne a sapere, in qualità di Guru, pretese come dakshina (onorario), il pollice di Ekalavya. Esemplificazione del vero abbandono al Guru, Ekalavya si tagliò il pollice con gioia e lo diede al suo maestro, pur sapendo che in tal modo sarebbe stato incapace di praticare il tiro con l'arco.

che compie la mente, non quello che fa il corpo. In altre parole, un atto è considerato tale solo se la mente è presente. Tuttavia possiamo già raccogliere i frutti dell'azione, pur non avendola svolta fisicamente, anche se operiamo solo con la mente e non con il corpo.

Amma ci esorta a utilizzare con molta cura lo strumento della mente. Il modo in cui le persone la usano può essere paragonato al comportamento di un bambino a cui è stata data una fiaccola ardente. Usare la mente senza comprenderne i segreti può portare alla distruzione totale.

Questo è il motivo per cui il Guru ci dà un mantra, affinché possiamo ammansire la mente. Recitare il mantra è un modo per purificare il flusso dei pensieri. Non è facile eliminare del tutto i pensieri, tuttavia possiamo utilizzare i buoni pensieri per indebolire quelli cattivi, estinguendoli in modo graduale e definitivo. Come dice Amma, se continuiamo a versare dell'acqua in una pentola di acqua salata, il suo grado di salinità a poco a poco diminuirà. Dobbiamo quindi riempire la nostra mente di pensieri nobili così da poter acquisire molto rapidamente la purezza interiore.

Innamorato della natura

7

In India i riti di adorazione non sono altro che una pratica intesa a far nascere un rapporto d'amore tra l'uomo e la natura. Possiamo ancora sperimentare come ogni cosa in natura esaudisca gli innocenti sankalpa delle persone.

Ricordo un episodio che accadde quando frequentavo le elementari. Abitavo allora nella casa ancestrale di mia madre purvashram e da lì si poteva raggiungere la scuola a piedi. Amavo attraversare i campi di canna da zucchero e passeggiare tra i viottoli. Un giorno, quando tornai a casa per il pranzo, mia nonna mi disse: "Figliolo, dopo pranzo devi andare al tempio naga. Tuo zio ti sta aspettando". Solo allora mi ricordai della festa che si celebrava nel nostro tempio di famiglia. La nonna ci teneva molto che tutti i membri della famiglia vi partecipassero.

Discesi di corsa i gradini di pietra davanti a casa. Correre è naturale per i bambini che alla lentezza preferiscono la velocità. La stanchezza è qualcosa che ignorano, in loro l'entusiasmo traspare in ogni movimento. Mentre correvo verso il tempio, sentii che avevo posato il piede su qualcosa di gommoso. Mi voltai per vedere cosa fosse: era un cobra con la testa sollevata! Impaurito, corsi dietro un albero e guardai. Lentamente strisciò sino al sentiero che dovevo imboccare e vi si fermò. Come potevo passare di lì? Mi resi conto che correre non era stata una buona idea. Mi dissi che non avrei dovuto prendere una scorciatoia quando avevo a disposizione un'ampia strada. Ritornai a casa pensando al serpente che non mi aveva morso, sebbene lo avessi calpestato. Quando arrivai al cancello, la nonna mi stava aspettando. Appena mi vide, si mise a ridere e disse: "Sapevo che saresti venuto. Ho pregato gli dèi serpenti".

"Perché?", chiesi sorpreso.

"Avevo dimenticato di darti la noce di cocco da offrire al tempio. Così ho pregato gli dèi serpenti di farti tornare". Quando le raccontai che avevo calpestato un serpente, mia nonna rise e disse: "Non preoccuparti, ragazzo mio. Gli dèi serpenti non ti faranno alcun male". Mise una noce di cocco in una borsa e me la porse: "Bimbo mio, devi offrire questa noce al tempio degli dèi serpenti".

Sembra che una volta mia nonna si fosse rattristata vedendo che il grappolo di fiori sull'albero di cocco non si era ancora trasformato in frutti. Allora fece una promessa: "Se questo albero darà frutti, offrirò il primo grappolo di noci agli dèi serpenti". I miei zii, però, ignari del voto, raccolsero tutte le noci dall'albero per poterne bere il succo e persino la mia povera nonna dimenticò la sua promessa! Quando l'albero fece nuovamente i frutti, questi avevano la forma di serpenti! La gente si radunò per vedere le noci di cocco che assomigliavano alla testa sollevata di un serpente e tutti i frutti vennero offerti al tempio degli dèi serpenti. In segno di pentimento, mia nonna promise di offrire ogni anno una noce di cocco. Quella che mi aveva dato, era la noce di cocco di quell'anno.

Data la mia tenera età non riflettevo sul significato di quegli episodi. È facile accettare semplicemente che *le cose stanno così*; non c'è spazio per il dubbio a quell'età, gli interrogativi sorgono quando si sviluppa l'intelletto. Le spiegazioni a queste esperienze, che possono essere fornite solo da chi ha esplorato i misteri della mente cosmica, sembravano naturali allora. Più tardi, quando cercai le risposte a quegli eventi, iniziai ad accettare il fatto che in natura esistono molti fenomeni che l'intelletto non può comprendere.

Sia gli esseri inanimati sia quelli animati (cioè gli essere umani, gli animali e le piante) possono comprendere le vibrazioni delle menti in sintonia con la natura. La purezza dell'innocenza fa sbocciare i fiori del cuore. Amma ci accarezza con la fresca brezza dell'amore materno per infondere in noi la fragranza dell'amore. Quando diventiamo consapevoli che le mani invisibili di Amma sono ovunque nell'universo, sviluppiamo fiducia in noi stessi.

Amma dice che tutto è possibile con dei sankalpa innocenti. Questa innocenza è innata in uno *jnani*. Sebbene l'innocenza di un bimbo e quella di uno jnani possano assomigliarsi, l'innocenza del bimbo proviene dall'ignoranza, mentre quella dello jnani dall'onniscienza.

La bellezza dell'ignoranza nel bimbo e della saggezza nello jnani fanno di entrambi un centro di attrazione. La vista del cucciolo di un animale persino selvaggio, risveglia in noi sentimenti di affetto. Chi altri se non una jnani come Amma può essere una bimba e al tempo stesso la Madre universale?

Anche se siamo in grado di distinguere i suoi vari aspetti, come la sicurezza di potere identificarsi in chiunque voglia, l'assenza di paura, il senso dello humour e l'atteggiamento umile di chi non sa nulla, lei stessa tesse i veli di Maya che impediscono agli altri di comprendere *ciò* che Amma è. Talvolta, ricordo i giorni in cui m'interrogavo a riguardo, ignaro che la conoscenza del Sé non si rivela attraverso la luce fioca dell'intelletto.

Quando ero studente, avevo l'hobby di andare in bicicletta e amavo pedalare attraverso le risaie deserte. Queste escursioni divennero qualcosa di completamente diverso dopo il mio incontro con Amma. Rimanevo sbalordito nel vedere la tenerezza di Amma manifestarsi in ogni immagine della natura. Quando scorgevo le piccole rane sorprese dalla mia bicicletta tuffarsi nell'acqua, non riuscivo più a percorrere quelle strisce di terra, né avevo più il coraggio di rompere il cerchio di uccelli multicolori che volteggiavano attorno alle risaie, aggiungendo sfumature cromatiche al paesaggio. Quando iniziai a comprendere che ogni cosa inneggia alla gloria di Dio, ogni scena iniziò a infondermi una gioia divina.

Non potremo mai saziarci della bellezza della natura, indipendentemente da quanta ne assaporiamo. Se riusciamo a farci trasportare dal flusso incontaminato dell'amore per lei, i nostri concetti di spazio e tempo spariranno. Il futuro e il passato scompaiono quando si raggiunge il culmine dell'amore divino, anche il tempo si dissolve. Allora l'amore ci può portare sulla soglia del *samadhi*.

Le mie escursioni in bicicletta attraverso paesaggi rigogliosi finivano spesso con qualche problema. Un giorno avevo pedalato senza sosta fino al tramonto: era una di quelle giornate in cui avevo deciso di partire senza una meta precisa. Intorno a me solo grandi risaie. Essendomi accorto di avere perso la strada e di non avere la minima idea di dove mi trovassi, mi fermai. Pensai di chiedere informazioni a qualcuno, ma essendo il lavoro nei campi già terminato, non c'era nessuno in quel luogo deserto. Ripresi a pedalare, pensando di proseguire finché non avessi incontrato qualcuno. Non avevo la minima idea di dove stessi andando, ma non persi l'occasione di gustarmi lo splendore della notte: le nuvole argentee sembravano accompagnarmi nel chiarore lunare. La paura di essere completamente solo svanì. All'improvviso la luce della bicicletta si spense: incapace di vedere la strada, imboccai una curva e la bicicletta scivolò. Caddi in un piccolo stagno. Fui contento quando vidi che l'acqua sporca aveva macchiato di ocra i miei vestiti fradici. Forse era un presagio, pensai, un segno che in futuro avrei compiuto qualche grande impresa! Ripescai la bicicletta, la appoggiai sul viottolo e la esaminai. Muovendo le ruote, vidi che la lampadina funzionava perfettamente. Come potevo ritornare senza prima lavarmi i vestiti? Intorno non c'era alcun segno di abitazione. Scorsi tuttavia un tempietto vicino al luogo dove ero caduto: era chiuso ormai, perché il rito giornaliero era già terminato. Notai allora una luce in lontananza e mi diressi in quella direzione. Grazie a Dio era una casa! La lampada che era stata accesa al crepuscolo non si era ancora spenta. Vedendo un estraneo abbigliato in modo tanto insolito, il padrone di casa domandò: "Cos'è successo? Sembra che siate caduto nella risaia". Mi fece entrare e diede disposizioni affinché potessi lavarmi. Dopo il bagno, mi sedetti in veranda. I vestiti che indossavo erano bagnati poiché, essendo sporchi, li avevo lavati.

"Figlio mio, le persone cadono sempre in quel punto. Nessuno sa il perché. È il cammino della Dea. Nessuno lo attraversa in bicicletta. E chi ci ha provato è sempre caduto". L'uomo sorrise e continuò: "Probabilmente, in quel punto, non siete sceso dalla bicicletta".

La padrona di casa uscì con una tazza di caffè e disse: "Prendete questa tazza di caffè caldo".

Mentre l'accettavo, pensai: "È davvero sorprendente! Amma ha affidato a ogni persona, in ogni luogo, la possibilità di esprimere l'amore". Mi ricordai delle sue parole eterne: "Figli, non pensate che Amma sia confinata in questo corpo".

Deve essere stato un potere invisibile a ispirare a quella coppia così tanto amore e gentilezza per un perfetto sconosciuto. Realizzando che le mani di Amma erano dietro a tutto ciò, mi prostrai mentalmente a quelle persone e feci ritorno a casa.

Il flusso dell'amore di Amma fece in modo che provassi un sentimento filiale di fronte a chiunque. E il consiglio di Amma di essere sempre un principiante tolse all'ego ogni possibilità di manifestarsi. Lasciai l'abitazione solo dopo aver ricevuto precise istruzioni su come far ritorno a casa. Quando raggiunsi il tempio sentii il desiderio di riposare un po' sotto l'albero di banyan.

C'era un piccolo, vecchio altare in rovina dietro i muri sbrecciati del tempio. Sedetti per un po' sotto il banyan. Non mi resi conto di essere rimasto seduto là sino al sorgere del sole. Cercai di ricordare cosa fosse successo. Quando vidi i fiori in grembo, lentamente cominciai a ricordare quanto era accaduto...

Quando mi ero seduto sotto l'albero di banyan, aveva cominciato a piovere. Il vento mi aveva fatto cadere molti fiori in grembo. Quando cercai di rialzarmi, mi resi conto che non ci riuscivo, non potevo nemmeno muovermi! Ne rimasi angustiato. All'improvviso, un profumo di fiori di gelsomino permeò l'intero luogo. Non dovetti nemmeno immaginare quali mani mi stessero accarezzando. Una presenza, invisibile al chiarore della luna, mi trasportò nel regno della beatitudine divina; fu uno di quei rari momenti in cui il tempo cessa di esistere. Quando mi risvegliai, iniziai a singhiozzare come un bambino. Una volta assorbito l'amore della Madre dell'universo, null'altro ci può attrarre. La caduta a capofitto nella pozzanghera e l'inaspettata esperienza divina: compresi che tutto era accaduto per grazia di Jagadiswari, la Dea dell'universo. La pace che sperimentai sotto il banyan fu la stessa che assaporo seduto accanto ad Amma. Con gli occhi colmi di lacrime, ricordai le parole di Amma: "Amma non è confinata in questo corpo".

Prove nel cammino verso Dio

8

Molti non capivano il corretto significato dei bhava darshan di Amma. La maggior parte di loro pensava che lo spirito di Krishna o di Devi possedesse Amma durante i bhava darshan. Anch'io avevo i miei dubbi in merito. Krishna e Devi che *possiedono* il corpo di qualcuno? Quando incominciai la mia ricerca di Dio, mi prefissi come obiettivo la distruzione della fede cieca!

Durante i bhava darshan, incominciai a scrutare Amma da vicino. Anche se il mio intelletto non riusciva ad accettarlo, l'assoluta straordinarietà di ciò che vedevo mi sconcertava, la spontaneità e la perfezione di ogni suo movimento mi convinceva. Che cos'è esattamente un bhava darshan? Cosa accade ad Amma in quell'occasione?

Ciò che rende Amma divina è la perfezione dei suoi bhava. Quando assume un atteggiamento materno, Amma è una madre che prodiga affetto, se è in Guru Bhava, diventa un maestro severo. Nel Krishna Bhava diviene la prediletta di Ambadi[14], capace di far ridere chiunque con i suoi scherzi. Nel Devi Bhava, è Parashakti, la Madre dell'universo. La completezza di questi bhava è visibile solo in Dio, non è possibile percepire tale maestria in nessun atto umano, che verrebbe offuscato dai suoi stessi limiti e dall'artificiosità.

Quando ero ancora uno studente, mi recai una volta a un concerto di flauto. Ne rimasi completamente affascinato! Desideravo assolutamente imparare a suonarlo, ma mio padre non era d'accordo; egli disapprovava qualsiasi cosa potesse distogliere la mia attenzione dallo studio.

---

[14] Luogo dove crebbe il Signore Krishna.

Un giorno, vicino a un tempio in cui si tenevano delle celebrazioni, vidi un uomo che suonava benissimo il flauto. Accanto a lui erano in vendita alcuni flauti. Ne comprai uno e cercai di imparare a suonarlo da solo, ma era troppo difficile; compresi che avevo bisogno di qualcuno che mi istruisse e raccontai alla nonna il mio problema.

Lei suggerì che sarebbe bastato pregare il Signore Krishna, il miglior flautista di ogni tempo, il quale, lei mi assicurò, me lo avrebbe certamente insegnato! Le credetti e mi recai in un tempio dedicato a Krishna, implorando il Signore di diventare il mio insegnante di flauto. Le mie preghiere furono esaudite: in pochissimo tempo imparai a suonare alcune semplici canzoni. Ero al settimo cielo!

Decisi di mettere alla prova Amma per vedere se si ricordava come il Signore Krishna mi avesse aiutato a imparare a suonarlo. Una volta, durante il Krishna Bhava, avvolsi lo strumento con della carta e lo portai al kalari: mostrando l'involucro ad Amma, le chiesi se sapesse dirmi cosa racchiudesse. Lei rispose ridendo: "Figlio, dimmelo tu".

"Io so cosa contiene, l'ho impacchettato io. Voglio sentirlo dire da Amma", risposi.

Amma si limitò a ridere e infine lo fece dire a me. Pensando che Amma non fosse riuscita a immaginare il contenuto del pacchetto, le spiegai che era un flauto.

"Figlio, non c'è un flauto lì dentro, ma un cilindro con dei bastoncini di incenso!", replicò.

"Amma, ti sbagli!", dissi.

Quando dichiarai entusiasticamente che si trattava del mio flauto e che io stesso lo avevo confezionato, Amma mi chiese di aprire il pacco. Mentre tutti stavano a guardare ansiosamente, lo aprii. Ciò che vidi mi lasciò esterrefatto: era un cilindro di metallo contenente bastoncini di incenso! Non potevo credere ai miei occhi. Com'era potuto accadere?

"Amma, sei una maga? Hai trasformato un flauto in un cilindro con bastoncini di incenso!" Non volevo mettere nuovamente alla prova Amma, ma desideravo riavere il mio flauto. Le chiesi: "Dov'è il mio flauto?"

"Non lo so. Non sei tu che l'hai impacchettato?"

Incapace di rispondere alla sua domanda, rimasi ammutolito. Poco dopo Amma disse: "È a casa tua, nella stanza della puja, dietro all'immagine del Signore Krishna".

Mi precipitai a casa ed entrando nella stanza della puja mi misi a cercare il flauto: era proprio dove aveva detto Amma. Com'era potuto accadere? Ero strabiliato! Decisi di indagare a fondo sulla faccenda, cercando di ricostruire cronologicamente cosa fosse accaduto quel giorno.

Quel mattino, mentre stavo per andarmene dopo aver impacchettato il flauto, sentii mia madre purvashram chiamarmi dalla cucina: "Figlio, esci solo dopo aver mangiato qualcosa!"

Era troppo presto e non ne avevo voglia, ma poiché la mamma insisteva, lasciai il pacchetto con il flauto sul tavolo della sala da pranzo e mi recai in cucina per fare colazione. Fu in quel momento che mio padre rientrò a casa con un cilindro di bastoncini di incenso avvolto nella carta. Prima di entrare nella stanza della puja, si recò in bagno per lavarsi le gambe, lasciando il pacchetto d'incenso sul tavolo. Dopo essersi lavato, inavvertitamente, prese il flauto impacchettato invece dell'incenso e lo mise dietro l'immagine del signore Krishna, dove di solito lasciava i bastoncini di incenso. Quando ritornai dalla cucina presi il pacchetto che vidi sul tavolo, pensando che fosse il flauto con il quale volevo mettere alla prova Amma e mi avviai rapidamente verso la fermata dell'autobus. Non sapevo allora che Amma, la birichina, aveva già scambiato i due pacchetti per farmi uno scherzo. Mi rallegrai quando capii che non avevo perso il mio flauto e compresi anche che ammettere la sconfitta dinanzi a qualcuno che si ama è una grande benedizione.

Nel *Mahabharata* si racconta di un episodio accaduto durante gli anni in cui i Pandava vivevano in incognito. Un giorno il Signore Krishna incontrò i Pandava. Egli si sdraiò e, appoggiando il capo in grembo ad Arjuna, incominciò a dirgli: "Arjuna, vedi quel corvo laggiù?"

Arjuna guardò attentamente e rispose: "Sì, mio Signore, lo vedo".

Il Signore allora disse: "Credo sia un cuculo".

"Sì, certo, è un cuculo", assentì Arjuna.

"Arjuna, non è un cuculo, ma un giovane pavone", disse il Signore.

Persino questa volta Arjuna rispose: "Avete ragione, è un bellissimo piccolo pavone".

Il Signore allora replicò: "Arjuna, in effetti non è né un corvo, né un cuculo, né un piccolo pavone, ma un avvoltoio. Puoi vedere con i tuoi occhi di quale uccello si tratti. Perché allora hai sempre concordato con quello che ho detto?"

La risposta di Arjuna fu degna di un vero devoto. "O Signore, Tu sei onnipotente, puoi trasformare un corvo in un cuculo e un cuculo in un piccolo pavone. So che la tua visione è più corretta della mia".

Con questo episodio in mente, smisi di mettere alla prova Amma. Colmandoci del suo affetto, Amma cerca di condurci verso le finestre che si affacciano sui misteri della vita, creando situazioni che un giorno ci risveglieranno e ci faranno volgere verso queste aperture. Dobbiamo sforzarci incessantemente di avere una prospettiva più ampia e sviluppare una visione spirituale che ci permetta di vedere Dio. Potremo allora, come Amma, cantare ebbri di beatitudine. Un Guru come Amma è come un ponte capace di guidarci verso lo stato supremo che poggia una delle sue estremità sulla riva dove ci troviamo attualmente e l'altra sulla sponda dell'Immortalità. Ecco perché si dice che il Guru sia più grande di Dio.

Una volta un mahatma disse: "Posso rinunciare a Dio ma non posso rinunciare al mio Guru, perché Dio mi ha benedetto con questa vita, ma il Guru mi ha liberato dai lacci di Maya".

In considerazione di ciò, un Guru come Amma è sia vicino sia lontano. Possiamo sentire il suo affetto materno, anche se al tempo stesso lei non è attaccata ai nostri corpi fisici ed è sempre immersa nell'oceano della beatitudine suprema. In tal senso possiamo dire che è lontana. Gesù Cristo disse: "Io sono la Via e la Meta". Quando abbiamo sviluppato un legame con il Guru, egli diviene il ponte che ci porterà verso l'obiettivo supremo. Affinché questo accada, occorre nutrire per lui un amore intenso; sarà questo amore che ci condurrà alle spiagge infinite dell'oceano di beatitudine. Il Guru illumina la nostra strada con la luce limpida della comprensione, opera facendo in noi chiarezza e ristabilendo la nostra visione divina. In quella chiarezza tutto diventa possibile.

Amma dice che per raggiungere il fine ultimo occorre una fede incrollabile. Se restiamo con lei, comprenderemo che nulla è impossibile. Tutti disponiamo di una forza immensa, poiché il Divino dimora in ognuno di noi. Il nostro essere è in Dio, ma la mente umana lo dimentica. Le persone immaginano di essere prive di tale forza e cercano di acquisirla artificiosamente attraverso il denaro, il potere e la forza fisica. Milioni di persone si comportano in questo modo, cercando purtroppo nei posti sbagliati. Senza l'oceano le onde non possono esistere, esse non sono altro che un moto dell'oceano, sono il gioco naturale e gioioso del mare. L'onda è posseduta da una forza straordinaria, tuttavia realizza questa forza solo quando diviene consapevole di essere una manifestazione del vasto oceano.

L'onda potrebbe dimenticarselo: anche se non conosce l'oceano, è pur sempre in lui. Amma, l'oceano della compassione, è qui con noi per aiutarci a diventare consapevoli della nostra vera natura.

Ricordo un episodio che accadde durante uno dei suoi Krishna Bhava. In tali occasioni Amma offriva il suo darshan stando in piedi, con un piede appoggiato a una pedana ed era ben visibile il fremito che scuoteva l'intero suo corpo. Gli abiti e gli ornamenti con i quali era stata adornata dai devoti brillavano al vibrare del suo corpo e sul suo viso appariva un sorriso birichino mentre lanciava sguardi ai suoi lati. Persino il colore della sua pelle diventava blu scuro! La sua bellezza divina era ineffabile. La folla dei devoti si lasciava trasportare dal fervore dei canti devozionali e sperimentava una gioia paradisiaca. Durante il Krishna Bhava era facile vedere scene di devoti che, arrivati con il cuore oppresso dal dolore, se ne andavano scoppiando a ridere. Chi era venuto per esprimere le sue pene, spesso non aveva l'opportunità di farlo: la sua bocca veniva riempita da tranci di banana o da acqua che veniva continuamente versata da una brocca! Alla fine si dimenticava completamente dei propri dolori e se ne andava ridendo. Anche se non era riuscito a dire nulla, notai che la soluzione a tutti i suoi problemi gli veniva sussurrata all'orecchio. Come faceva Amma a conoscere la mente altrui? Sarebbe stata in grado di comprendere anche la mia o conosceva solo quello che poteva vedere con i suoi occhi? Decisi di metterla alla prova.

Con uno sguardo e un tocco colmi di compassione Amma benediva lo stuolo di devoti che restavano stupefatti dal potere che emanava, un potere che può creare il paradiso in terra. Essi desideravano poter stare vicino a lei e farle aria con un ventaglio e per riuscire a fare questo non esitavano a rivaleggiare tra loro. Quel giorno ebbi la possibilità di svolgere quel compito. Sebbene lo avessi fatto per molto tempo, non mi sentivo affatto stanco e quindi non avevo intenzione di passare il ventaglio a chi me lo chiedeva. Durante il Krishna Bhava, Amma si spostava occasionalmente verso l'entrata del kalari e guardava i devoti che attendevano fuori. Dimentichi di tutto, inebriati dal suono dei bhajan, essi danzavano pieni di beatitudine al vedere quella forma ammaliante.

Amma si mosse verso la porta del kalari. Guardando l'onda di devoti all'esterno, prese a dondolarsi da una parte all'altra. Il fervore dei cantori dei bhajan aumentò e le loro voci crebbero. Il *tejas* (radiosità spirituale) di Amma sembrò essersi concentrato sul suo viso.

Guardai vicino alla pedana dove aveva appoggiato il piede: c'era un vassoio che conteneva alcuni pezzi di banana che Amma avrebbe messo in bocca ai devoti come prasad. Nessuno mi stava guardando, tutti gli occhi erano puntati su di lei. Afferrai uno di quei pezzi e me lo ficcai in bocca. Amma stava ancora guardando all'esterno. Volevo capire se sapeva ciò che avevo fatto. Dopo dieci minuti Amma ritornò verso la pedana. A quel punto avevo già inghiottito il pezzo di banana. Ella mi guardò e sorrise. Rivolgendosi ai devoti che stavano tutt'intorno disse: "Fate attenzione, c'è un ladro qui!"

Solo io e lei capimmo cosa era accaduto, gli altri non lo compresero. Amma prese uno degli scialli che stava indossando: con una delle due estremità mi legò le mani e con l'altra cinse la sua vita. Trascorsero molte ore. Il darshan durò a lungo per la grande folla di devoti. Alla fine del darshan Amma mi sussurrò nell'orecchio: "Figlio, Amma ha notato la tua burla".

"Ora so che Amma ha gli occhi anche dietro la testa!" Sentendo la mia risposta, Amma sorrise, mi liberò le mani e da quel momento, con funi di amore che non potranno mai essere sciolte, legò per sempre la mia anima alla sua.

La dolcezza della morte

9

Tutti temono la morte. Il desiderio di conservare la vita è ugualmente forte in ogni essere. La morte è un'esperienza divina e spesso diventa il nostro Guru. Il re Parikshit raggiunse il distacco solo quando venne a sapere che stava per lasciare questo mondo. Fu la preoccupazione della morte che portò il principe Siddharta sul cammino verso la Buddità.

In verità solo chi ha compiuto buone azioni e ha condotto una vita pura può apprezzarla. Amma mi benedì con un'altra esperienza che mi insegnò i più grandi segreti della morte.

Dopo aver incontrato Amma, ero solito lasciare il college durante i fine settimana e precipitarmi a Vallickavu. Il lunedì mattina Amma stessa mi obbligava a tornare al college. Un lunedì, quando mi recai a salutarla, mi disse di non andarmene. Ero sopraffatto dalla gioia! Avrei potuto trascorrere l'intera giornata con lei.

Mi preparò personalmente da mangiare. Mi fece sedere di fianco a lei e mi fece meditare a lungo. Realizzai in seguito che Amma fece tutto questo per prepararmi a una nuova nascita.

Quella sera, dopo i bhajan, mentre Balagopal (Swami Amritasvarupananda Puri) e io ci trovavamo dietro al kalari a parlare, un serpente mi morse: il sangue cominciò a colare dalla ferita sulla gamba. Eravamo impietriti e non sapevamo cosa fare. Lentamente mi sedetti.

Improvvisamente Amma apparve e cominciò a succhiare il sangue dalla ferita. Poi portò dell'acqua consacrata dal kalari, cantò alcuni mantra e mi chiese di sorseggiarla. Il dolore iniziò ad aumentare. Dopo un po' diventò sempre più difficile persino rimanere seduto. Amma mi fece sdraiare sul suo grembo e incominciò a meditare. Sentivo le mie mani e le mie gambe diventare insensibili e il mio respiro rallentare. Mentre giacevo sul suo grembo, mi preparai ad affrontare la morte che era giunta all'improvviso. Poteva esserci fortuna maggiore che morire in grembo a lei?

La consapevolezza della vita che si stava separando dal corpo costituito dai cinque elementi, mi stava trasportando in un altro reame, potevo vedere il mio corpo inerte nel grembo di Amma. Persino la morte stava diventando un'esperienza piacevole. Questo è quanto accade alla presenza di un mahatma.

I presenti si radunarono intorno a me impotenti e senza sapere cosa fare. Alcuni nostri vicini insistettero perché fossi portato da un guaritore di morsi di serpente. Senza chiedere il permesso ad Amma, che era assorta in meditazione, alcune persone mi portarono dal guaritore. Egli tuttavia disse che eravamo arrivati troppo tardi e che non poteva fare nulla. Alla fine mi dovettero riportare da Amma che era ancora assorta in meditazione.

Allo spuntar del giorno aprii gli occhi. Il dolore alla gamba era scomparso completamente. Sembrava che fosse stato tutto un sogno, non ero nemmeno stanco. Il giorno seguente chiesi ad Amma: "Perché è accaduto tutto ciò? E in tua presenza!"

Ella appallottolò un pezzo di carta che aveva in mano e lo lanciò verso l'alto. Poi, prendendolo con l'altra mano, disse: "Un oggetto lanciato verso l'alto ricadrà, questa è una legge della natura. Tuttavia, con l'altra mano puoi fermare la sua caduta. Le preghiere e le buone azioni possono mitigare i frutti del karma, non occorre essere schiavi del destino. Questo sarebbe accaduto in qualsiasi luogo tu ti fossi trovato. Amma sa che se fossi stato qui, non avresti avuto paura. Ecco perché ti aveva detto di non recarti al college".

Quando tornai a casa e consultai il mio oroscopo, io, che non credevo nell'astrologia, rimasi allibito. Secondo il mio oroscopo c'era una forte probabilità che sarei stato morso da un serpente all'età di 21 anni con il rischio di perdere la vita. Mi veniva suggerito di visitare molti templi, fare numerose offerte ed eseguire puja per allontanare il destino infausto.

L'oroscopo non rivelava nulla che riguardasse la parte rimanente della mia vita, vi era solo l'indicazione che il futuro sarebbe stato incerto.

Quell'incidente mi aprì gli occhi sul fatto che il sankalpa di un mahatma ha la forza di aiutarci a superare persino il destino. Si rivelò anche una benedizione perché mi aiutò a ottenere il permesso dalla mia famiglia per condurre una vita spirituale.

Onam per sempre

10

La sola parola 'Onam'[15] rallegra ogni nativo del Kerala. Onam è il periodo dell'anno in cui possiamo dimenticare tutti i nostri dolori e in quei dieci giorni possiamo cullarci nella nostalgia di un'età senza problemi dove regnava la bellezza dell'uguaglianza.

Da bambino desideravo spesso che fosse sempre Onam. Come sono tutti felici in questa ricorrenza, quale atmosfera di amore e solidarietà! La gioia che la gente provava durante questa festa alleviava molto la pena che mi suscitava la sofferenza delle persone. Rimasi stupito quando seppi che c'era stato un tempo in cui sembrava che fosse sempre Onam. Com'era andato perso? Di chi era la colpa? Facendo ricerche sull'argomento, scoprii che il responsabile era il Signore Vishnu in persona! Quando su un mio libro di testo della scuola media vidi un disegno raffigurante Vamana che, in piedi, poggiava un piede sulla testa di Mahabali, mi infuriai con Lui! Non fu

---

[15] Festa del raccolto nel Kerala, una delle festività più popolari con celebrazioni che durano 10 giorni. È legata alla leggenda dell'incontro tra Mahabali e Vamana. Mahabali era un governante buono e giusto, amato da tutti i suoi sudditi per le sue leggi esemplari. Il suo unico difetto era uno smisurato orgoglio della sua generosità. Un giorno, mentre distribuiva doni ai suoi sudditi, un giovane bramino, Vamana, gli si avvicinò e gli chiese un terreno che si potesse misurare con tre passi. Vedendo che il giovane era piccolino, Mahabali glielo concesse benignamente. Vamana, che in realtà non era altri che il Signore Vishnu, crebbe all'istante: con il primo passo coprì la terra intera e con il secondo tutte le altre regioni dell'universo. Non avendo altro da offrirgli, Mahabali gli offrì la sua testa per il terzo passo, gesto che simboleggia l'abbandono dell'ego. Il Signore Vishnu esiliò Mahabali negli inferi, rimanendo a guardia della sua dimora. Si dice che in occasione di Onam, Mahabali faccia ritorno sulla terra per visitare i suoi antichi sudditi.

perché il Signore Vishnu cacciò da questa terra Mahabali che ebbero origine tutti i problemi? Solo in seguito, dopo qualche anno, compresi che possiamo ricreare l'atmosfera di Onam anche senza Mahabali.

In presenza di Amma, la Madre dell'universo, è sempre Onam: le persone dimenticano le divisioni di casta e credo, i nemici diventano amici. In quale altro luogo possiamo vedere ricchi e poveri, persone colte e analfabeti, dimenticare ciò che le rende diverse e riunirsi come cari figli di Amma?

Sono ancora vividi nella mia mente i ricordi del mio primo Onam con Amma. Alla vigilia di questa festa, al termine del darshan, lei ci disse: "Domani è Onam. Figli dovreste venire".

Essendo Onam, i miei familiari mi vietarono di uscire prima che avessi finito il pasto; all'epoca non erano così vicini ad Amma. Amma ci aveva chiamati perché potessimo pranzare con lei. Ma come potevo uscire di casa? Il cibo fu pronto solo verso le undici e trenta. Appena terminai di desinare mi diressi a Vallickavu. Gli autobus erano gremiti di persone e non si arrestavano. Dovetti attendere a lungo alla fermata. Sebbene arrivò molto tardi, l'autobus su cui riuscii a salire mi portò da Harippad direttamente a Vallickavu. Erano le 15.30 quando arrivai. Attraversai le acque lagunari (*backwater*) e mi affrettai verso il kalari. Non potrò mai dimenticare ciò che vidi, era una scena così commovente!

Amma era sdraiata per terra e dormiva. Vicino a lei c'era un fornello sul quale vi era una pentola di terracotta contenente del *chempu*[16] che i corvi stavano beccando e mangiando. Alcuni pezzi erano caduti fuori dal recipiente ed erano sparsi qua e là.

Non riuscivo a capire cosa fosse successo. Rimasi immobile come una statua. Lentamente mi avvicinai ad Amma e mi sedetti accanto a lei. L'aquila che si vedeva di solito all'ashram era là,

---

[16] Colocasia, una varietà di tubero.

come se stesse facendo la guardia. Più tardi lei stessa spiegò cos'era accaduto. "Amma non aveva invitato i suoi figli a venire? Amma si stava domandando cosa gli avrebbe dato al loro arrivo, non le piaceva chiedere qualcosa ai suoi familiari. Si organizzò in modo da poter cucinare all'aperto, prese del chempu dal campo in cui si coltivavano le verdure e lo mise a cuocere a vapore. Quando fu abbastanza morbido, spense il fuoco, coprì la pentola e si mise ad aspettare i suoi figli. Ogni tanto si recava al pontile per vedere se stessero arrivando. Anche Amma non aveva mangiato nulla. Si fece molto tardi, allora Amma si sdraiò per terra e pensò: 'Ho sbagliato a invitarli. È Onam, chissà se le loro famiglie li lasceranno venire!'"

In quel momento un corvo afferrò col becco un pezzo di chempu bollito e volò via. Amma balzò in piedi. Alcuni pezzi del cibo erano caduti per terra. Arrivarono altri corvi per mangiarli. 'Cosa potrò dare ora ai miei figli?' rifletté tristemente. Dapprima finse di scacciare gli uccelli, ma poi pensò: 'Anche loro sono figli miei, lasciamoli mangiare', e si sdraiò nuovamente per terra.

Dopo un po' arrivarono alcuni suoi figli: ciascuno le aveva portato qualcosa. Li abbracciò uno a uno e li fece sedere intorno a lei; scartò i regali e distribuì a tutti i dolci di banana e *jaggery*[17] e altri dolciumi. Con le lacrime agli occhi, sorrise a tutti. La vista di quel sorriso innocente ci commosse, facendoci piangere.

Da allora, ogni anno, in occasione di Onam, avremmo pranzato solo con Amma. Ognuno di noi sarebbe stato coi propri familiari e poi sarebbe tornato da lei nel pomeriggio per partecipare al nostro banchetto di Onam!

Oggigiorno nessuna delle persone che sono intorno ad Amma pensa molto a questa festa perché ogni giorno è Onam! Come

---

[17] Zucchero grezzo marrone scuro ricavato dall'evaporazione del succo della canna da zucchero.

può esserci dolore in presenza di Amma? Proprio come la neve si scioglie al calore del sole, così tutti i dolori scompaiono dal cuore di chi ha preso rifugio in Amma, la fonte di ogni buon auspicio.

L'annuncio dell'alba

11

Il volto solenne delle stelle cominciava a sfumare, ovunque la natura si preparava ad accogliere l'aurora. Le regine della notte, che avevano brillato maestosamente, stavano scomparendo.

Udendo gli inni di preghiera degli uccelli, uno yogi impegnato nelle sue pratiche ascetiche (*tapas*) aprì gli occhi: l'alba era oramai prossima e rimaneva solo una stella a luccicare ancora per un po', poi sarebbe svanita anch'essa dalla vista. Un dolce sorriso apparve sulle labbra dello yogi.

Lo spettacolo della natura richiama la nostra attenzione sull'impermanenza del mondo, in cui non possiamo dipendere da nulla, non possiamo aggrapparci a nulla. Chi ne ha compreso la transitorietà si sforza di liberarsi da ogni schiavitù e diventa sempre più degno di vivere le esperienze divine sino a confluire totalmente nell'oceano di Brahman.

Oggigiorno le persone hanno fretta. Quante vite si sono perse in quella fretta! Quando ci accorgiamo che niente di ciò che abbiamo cercato è duraturo, è troppo tardi. Sebbene tutto quanto abbiamo accumulato nel corso della vita abbia generato sofferenza, le nostre aspettative continuano incessanti. Solo quando otteniamo tutto ciò che abbiamo desiderato, comprendiamo che non ne abbiamo tratto alcun guadagno. L'unica cosa che resta è l'insoddisfazione.

Chi non sa come pizzicare le corde della *vina*[18] della vita produce le note false dell'inquietudine. Per creare un flusso di musica eterna è necessario il tocco divino. La musica dell'anima risveglia le sublimi esperienze di *raga* e *tala*, della melodia e del

---

[18] Strumento indiano tradizionale a corde.

ritmo. Se non vogliamo che la vina della nostra vita diventi inutile, dovremmo innanzitutto imparare a usarla. L'intelletto non potrà mai capire dove si trova la musica nella vina, ma il cuore e le dita del musicista sanno dove trovarla! Il cuore può abbracciare quella verità che l'intelletto non è in grado di scoprire: è un'esperienza divina che solo un cuore puro può rivendicare.

Amma diceva sempre: "Figli, ogni momento è prezioso. Persino la perdita di dieci milioni di rupie non è poi così grave, ma non dovreste perdere nemmeno un secondo. Possiamo sempre riacquistare la ricchezza che abbiamo perso ma non potremo mai ritrovare il tempo perduto".

Una volta un *brahmacharin* fu inviato a Kayamkulam per acquistare beni di prima necessità per l'ashram. Nonostante la lunga attesa, non riuscendo a trovare un autobus, ritornò in taxi. Riferì ad Amma quello che aveva fatto e lei disse: "Figlio, perché hai speso inutilmente denaro? Anche se fossi arrivato tardi, perché non hai preso l'autobus?"

In tutta umiltà il brahmacharin rispose: "Amma, non avevi detto che è meglio smarrire dieci milioni di rupie piuttosto che un secondo del nostro tempo? È stato solo dopo aver sprecato un'ora ad attendere l'autobus che decisi di salire su un taxi".

Amma replicò: "Chi ha detto che sarebbe stato uno spreco di tempo? Avresti potuto recitare il tuo mantra o pulire la fermata dell'autobus mentre stavi aspettando. Lasciare che la mente vaghi è il crimine peggiore. Una mente abituata a vagare senza meta è ciò che ci allontana da Dio. Non concedere mai alla mente di rimanere oziosa".

Durante i primi tempi con Amma, sentii una volta alcuni devoti capifamiglia lamentarsi con lei: "Amma perché mostri così tanto amore per questi studenti universitari?" Erano infastiditi vedendola riversare su di noi quell'affetto amorevole che la madre riserva ai suoi piccoli. Tutti vogliono il suo amore, tutte le creature, animate e inanimate, bramano le sue carezze. Ho visto persino uccelli e animali competere per l'affetto di Amma, figuriamoci gli esseri umani! Chi conosce la Verità diventa il centro dell'attenzione generale. Involontariamente desideriamo: *Se solo Amma guardasse da questa parte...se solo mi sorridesse..., mi dicesse una parola..., si avvicinasse a me ...* Amma ci sta legando tutti con il filo dell'Amore.

"Forse nemmeno uno di questi studenti universitari è una persona buona", le suggerirono ancora questi devoti. Non appena incominciarono a lagnarsi, le espressioni di amore di Amma si intensificarono. Potevamo vedere come le lamentele e le beffe degli altri potessero trasformarsi in benedizioni. "Perché trascorri così tanto tempo con loro?" A queste parole, Amma sorrise.

Incapaci di comprendere il significato di questo comportamento, chiesero: "Amma perché sorridi?"

"Cos'altro potrei fare se non sorridere? Immaginate che qualcuno chieda: 'Dottore, perché perde il suo tempo a visitare gli ammalati che vengono in ospedale? Non basta visitare solo chi è sano?' Come non potrebbe non sorridere il medico? L'ospedale è per gli ammalati: chi sta bene non ha bisogno di essere curato". Infine, per rassicurare chi si lamentava, Amma disse: "Figli, non preoccupatevi. Se ho speso del tempo insieme a loro, riscuoterò gli interessi". Sentendo questa risposta si tranquillizzarono e venendo da noi ci dissero: "Amma ha detto che la ripagherete con gli interessi".

"Quali interessi?", chiesi incredulo. Amma aveva detto che avrebbe riscosso gli interessi sul tempo trascorso con noi. Alla parola 'interessi', mi misi a ridere involontariamente. Solo più tardi, riflettendo sulle parole udite, cominciai a capirne il senso.

Se ho speso del tempo insieme a loro, riscuoterò gli interessi. Nemmeno coloro che si erano lamentati avrebbero potuto immaginare quanto alto sarebbe stato l'interesse: avremmo ripagato con la nostra stessa vita. Così opera il Guru. Il discepolo capisce veramente che nulla di quanto offre al Maestro equivale al Suo amore e sacrificio e come un proprietario che incapace di rimborsare un prestito permette alla banca di confiscare i suoi beni, così il discepolo si affida al Guru. Le lacrime però di chi si è arreso al Maestro sono diverse da quelle di un uomo ricco, perché le sue sono lacrime di gioia nate dall'aver inteso che tutto ciò che aveva conseguito non costituiva un vero e proprio guadagno e che non c'è nessun altro di cui fidarsi. Riconoscendo la propria impotenza, il discepolo cerca rifugio ai piedi del Guru, gli affida la sua stessa vita e gioisce della beatitudine nata dall'abbandonare se stesso.

Vamana, che coprì i mondi governati dal re Mahabali con due soli passi, è un esempio di Guru perfetto, il quale si assume tutto il *prarabdha* (carico karmico) del discepolo che offre il proprio ego. La storia di Mahabali che sacrificò se stesso è diventata immortale. L'ego è davvero il sacrificio più grande da donare al Signore e questo fece Mahabali.

L'unione del discepolo con il Guru avviene in quel particolare momento in cui il discepolo si fonde con l'infinita coscienza e sperimenta l'estasi sacra, nata dai momenti indescrivibili e inestimabili dell'abbandono di sé. Dopo essersi sbarazzati della propria individualità, diventa superfluo vivere in questo mondo perché si dimora nel mondo del Guru, di cui egli stesso è il guardiano. Il Signore Vishnu è il protettore di Mahabali.

Dobbiamo confidare in tale protezione, più sicura di qualsiasi altro sistema di difesa. Così opera il Guru. Può esistere qualcosa di più prezioso che l'avere il Signore come nostro protettore? Fu questo ciò che Mahabali ottenne. Il Guru posa i piedi sul capo del discepolo più nobile, disposto ad abbandonare tutta la sua vita ai sacri piedi del Maestro il quale, schiacciando l'ego sotto i propri piedi, risveglia la consapevolezza del Sé.

Il Guru è simile al giardiniere che percepisce l'esistenza dell'albero maestoso nel seme. Nessun seme è considerato sterile: il giardiniere può vedere i fiori che sboccerranno su quell'albero e i frutti che nasceranno da quei fiori. Allo stesso modo, non vi è alcun oggetto inutile per il Guru. Ovunque egli guardi, scorge solo l'infinita consapevolezza che pulsa in ogni cosa. Lo scultore non vede la pietra, ma la forma divina scolpita. Il Guru prende su di sé il carico karmico del discepolo che si abbandona a lui e lo guida verso la libertà eterna.

Il Guru vede le nostre innate e immense potenzialità e ci porta dalla fede cieca alla fiducia nel proprio Sé; dona al discepolo le ali della devozione e della fede, capaci di liberarlo dal laccio degli oggetti perituri e di proiettarlo verso i cieli infiniti dell'Imperituro. Quando ci si è affrancati dalla zavorra dell'ego, possiamo librarci senza sforzo verso le altezze dell'Empireo. Perché il volo nel mondo del Sé non sia arduo, dobbiamo abbandonarci al Signore.

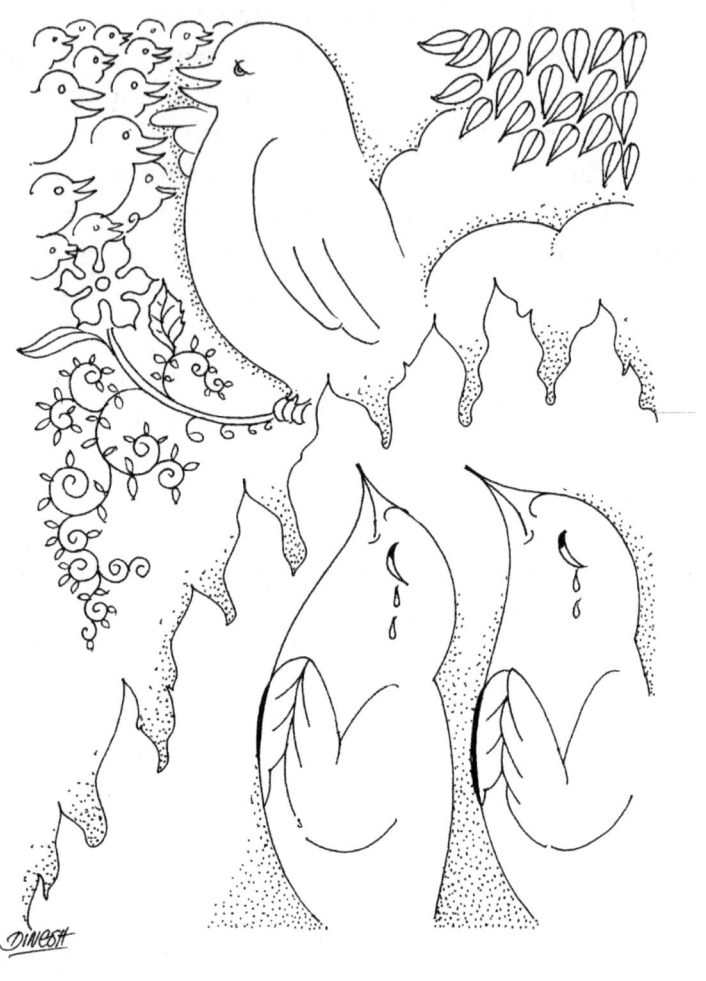

Lezioni di altruismo

12

Le esperienze che ebbi dopo aver incontrato Amma ribaltarono completamente la mia vita. Pensando a lei in ogni momento riuscivo a scordare il resto con facilità, anche se queste dimenticanze crearono altri problemi. Ciò nonostante, la beatitudine che ne scaturiva era sconfinata. In effetti, non meditiamo, cantiamo mantra ed eseguiamo puja per scordarci di tutto il resto? E quando dimentichiamo ogni cosa, Dio sorge nei nostri cuori oppure, in Sua presenza, dimentichiamo tutto. Questo è ciò che accadde anche a me.

"È giusto che un giovane istruito come te finisca per avere una fede cieca?"

Potevo sorridere ai dubbi e allo scherno dei miei amici. Come poteva l'esperienza essere fede cieca? Non mi preoccupai di spiegarlo. Di fatto, l'ebbrezza che Amma aveva infuso in me aveva spento persino il mio ardore per la discussione.

La chiusura del college per le vacanze estive ci permetteva di far visita quotidianamente ad Amma e solitamente Balagopal e io ci andavamo insieme. Benché al padre di Amma non piacesse che degli estranei si trattenessero a lungo (a quei tempi non c'era l'ashram, ma solo la casa di Amma), riuscivamo a trascorrere tutto il giorno con lei. Di notte ci sistemavamo all'aperto vicino al tempio di Occira, meditando nel boschetto. Più ci avvicinavamo a lei, più ostacoli sembrava dovessimo affrontare.

In quel periodo attorno ad Amma vi erano più devoti che discepoli monastici. Ognuno voleva che lei gli mostrasse un affetto e un amore speciale e questo causò una forte competizione tra i devoti. Alcuni di loro non gradivano che Balagopal e io ci recassimo e ci trattenessimo sempre più spesso all'ashram. Noi due eravamo inseparabili: andavamo al darshan, cantavamo i bhajan e meditavamo sempre assieme e per questo Amma ci chiamava i gemelli. Nei giorni in cui le facevamo visita, lei trascorreva più tempo con noi che con gli altri. Noi non ci eravamo accorti che tale comportamento stesse facendo nascere del risentimento in alcuni di questi devoti. Essi cominciarono a provare rancore verso di noi, pensando che Amma ci amasse maggiormente e non prestasse loro alcuna attenzione.

Un giorno si recarono in gruppo da lei, lamentandosi: "Da quando questi studenti del college vengono qui non siamo più riusciti a godere dell'attenzione assoluta della Piccola". A quel tempo i devoti si rivolgevano ad Amma chiamandola Piccola, Amma o piccola Ammachi. Alcune volte Amma si comportava come una bambina, altre assumeva il bhava della Madre o di Devi e ognuno interpretava le lila dell'incarnazione della Madre universale a modo suo. Dicevano: "Essi non sono qui spinti dalla devozione, ma per ricevere l'amore della Piccola". Non esitarono nemmeno a dirle di non darci la dovuta importanza perché fingevamo solo di avere devozione.

Dal giorno successivo Amma cessò di parlarci completamente, non ci guardava neppure. Persino quando ci prostravamo dinanzi a lei, Amma guardava in un'altra direzione o sedeva a occhi chiusi oppure diceva a qualcuno di avvicinarsi a lei e incominciava a parlare con quella persona. Molti giorni trascorsero in questo modo. I devoti capifamiglia erano raggianti. Nemmeno durante i bhava darshan Amma prestava attenzione a noi: non ci rivolgeva la parola, non sorrideva e non ci guardava. Ne fummo molto turbati, non capendo quale fosse il problema. In precedenza, quando le facevamo visita, spesso non avevamo mangiato e lei stessa veniva da noi, insistendo affinché accettassimo del cibo; ora però non c'era più nessuno a insistere e per questo motivo digiunavamo. Il suo trattarci freddamente ci avvilì, ci sembrava di perdere il senno! Dimenticammo di mangiare e di dormire. Trascorsero molti giorni: sedevamo soli a piangere, senza che nessuno se ne accorgesse. Ciò nonostante, non riuscivamo a stare lontani da Amma e continuammo ad andare a trovarla.

Un giorno, quando giungemmo all'ashram, Amma si trovava di fronte al kalari, nel boschetto di alberi di cocco: era completamente circondata dai devoti capifamiglia e tutti ridevano fragorosamente, assistendo alle sue burla. Noi ci tenemmo a distanza, immobili come statue, a osservare la scena. Lentamente andammo verso di lei, ci prostrammo, entrammo nel kalari e chiudemmo la porta dietro di noi. L'amore di Amma saturava persino le lacrime che scendevano lungo le nostre guance.

Improvvisamente lei aprì la porta ed entrò, avvolgendoci completamente nel suo abbraccio. I suoi occhi erano colmi di lacrime, nessuno riusciva a parlare. In quei momenti compresi quanto il silenzio sia molto più potente delle parole. Dopo un bel po' Amma ruppe il silenzio.

"Figli, nutrite del rancore verso Amma? A lei non piace ferire i propri figli, ha dovuto comportarsi in questo modo per mostrare agli altri il vostro abbandonarvi a Dio. Quando i vostri cuori soffrivano, il suo cuore si spezzava. Qualcuno aveva l'impressione che voi veniste qui solo perché Amma vi mostrava il suo amore e non per devozione o fede. Questo era il solo modo per dimostrare la vostra innocenza; lei sa che per quanto crudele sia il suo comportamento, voi continuerete a venire, al contrario di alcune di queste persone che smetterebbero di farlo se non rivolgessi loro la parola anche solo per un giorno".

Amma disse tutto questo in modo che gli altri potessero udirlo. Doveva comportarsi come una bambina davanti a chi la chiamava "Piccola". Allora realizzai che ogni bhava che assume è solo per il nostro bene. Questo episodio rafforzò in noi la certezza che siamo sempre al sicuro nelle sue mani. Presto molti dei figli gelosi avrebbero dovuto rinunciare alla sua compagnia.

Diceva spesso: "Figli, chi ha una mente impura non può rimanere qui a lungo. Questa terra è impregnata delle lacrime di Amma; qui persino i granelli di sabbia sono saturi del potere dei mantra. Questo è un centro di altruismo, un terreno per cuori innocenti, un tempio per chi soffre. Non è un luogo per alimentare il proprio ego. Chiunque ostacoli chi cerca di mantenere la purezza di questo posto, dovrà andarsene".

In seguito ci rendemmo conto che le parole di Amma erano davvero la pura verità. Almeno in presenza di un mahatma, dovremmo dimenticare il nostro egoismo e unirci come figli di un'unica Madre. Pian piano dobbiamo comprendere che la famiglia di Amma si è allargata sino a includere tutto il mondo. Quando apriremo il nostro cuore per vedere il mondo intero come nostro e amarlo come tale, il fiume della grazia di Amma ci porterà verso l'oceano di *Sat-Cit-Ananda*, Esistenza-Coscienza-Beatitudine.

La trasformazione del cuore di un ateo

13

Ovunque attorno a noi vediamo persone che deridono i grandi Guru, etichettandoli come "dèi umani". Chi sa che tutto è divino non vede la componente umana; vede solo Dio in ogni cosa. Per colui che ha percepito l'energia divina palpitare nelle creature animate e inanimate, grandi e piccole, negli alberi e nel serpente velenoso, il cosmo stesso è Dio. In una simile consapevolezza la goccia di rugiada e l'oceano immenso svaniscono. Il conoscitore, il conosciuto e l'atto del conoscere si dissolvono nell'oceano di Brahman. I saggi che, a differenza degli altri, hanno realizzato di essere la coscienza-testimone presente in tutte le cose, non si identificano con il corpo. I devoti pensarono che il Signore Krishna si fosse incarnato; tuttavia, anche quando manifestava le lila con il suo corpo dal colorito blu scuro, il Signore sapeva di essere onnipervadente. Le barriere fisiche non limitano l'onnipresenza dei mahatma; le persone comuni non possono nemmeno immaginare le esperienze di coloro che conoscono la Verità. Ciò nonostante, gli esseri umani cercano futilmente di valutare gli jnani con il metro limitato dei loro piccoli intelletti. Dio, che è della stessa natura del nostro Sé, non potrà mai essere realizzato attraverso la vanità dell'erudizione.

Una volta incontrai nel mio purvashram alcuni parenti del Nord Kerala. Uno di loro, ateo convinto e ammiratore di Karl Marx, parlò a lungo del comunismo e del pensiero razionale. Quando cominciò a criticare Amma, ribattei con delle obiezioni ma, incapace di esprimere verbalmente la mia esperienza, incominciai a cadere in confusione: ero solo all'ABC della spiritualità. Nonostante cercassi di parlargli dell'ebbrezza data dall'amore divino e della sua capacità di rivoluzionare il modo di considerare la vita, non riuscii a convincerlo. Iniziò a sminuire le mie parole usando quel termine beffardo di "dèi umani".

E per quanto avessi cercato di parlare di Amma, non provai alcuna soddisfazione. Alla fine rivolsi le mie preghiere direttamente a lei. "O Madre, non sono capace di esaltare le tue glorie infinite. Ti prego, degnati di far comprendere a questo uomo la tua grandezza". Successivamente, quando andai a trovare Amma, le ricordai questa faccenda, non esitando nemmeno a dirle che avrebbe dovuto punirlo. A queste parole, Amma rise a lungo.

Poi disse: "Figlio, per meritare la punizione di Dio una persona deve aver compiuto buone azioni nelle vite passate. Amma non ha intenzione di punire chi non crede in lei o chi la ridicolizza, ma sta cercando di far compiere buone azioni a queste persone e trasformarle in anime benedette". Questa risposta mi chiarì meglio lo scopo della sua incarnazione.

Dimenticai quell'incidente e trascorsero molti mesi prima che mi imbattessi nuovamente in quell'ateo. Quando lo rividi, rimasi sorpreso: era un uomo completamente diverso. Sulla fronte portava un segno di pasta di sandalo, indossava abiti bianchi e aveva un amuleto intorno al polso.

"Che cos'è questo? Cos'è accaduto?", chiesi attonito.

"Oh, niente", rispose in modo evasivo, abbozzando un sorriso.

Lo spinsi a parlare e quando vide che non avevo intenzione di lasciarlo andare, fu disponibile ad aprirsi e mi raccontò di un evento accaduto alcuni mesi prima, dopo che aveva criticato Amma.

Doveva essere l'una di notte passata e, al ritorno da un lungo viaggio, si stava dirigendo rapidamente verso casa. Avendo perso l'ultimo autobus dalla città, decise di accorciare il cammino attraversando un campo. Era una strada piena di pericoli ma, poiché la conosceva bene avendola già percorsa spesso in passato, non avrebbe avuto difficoltà ad arrivare a casa. Era una notte particolarmente buia: la luce fioca della torcia non indicava con chiarezza la via, non meglio di quanto lo facesse il chiarore della luna. Avrebbe dovuto attraversare un ruscello che scorreva di fianco alla strada che stava percorrendo e quella zona era conosciuta per essere infestata da serpenti velenosi. Entrando nell'acqua, ebbe la sensazione che qualcuno lo stesse seguendo. Si voltò e vide la sagoma di una donna vestita tutta di bianco. In quell'oscurità completa solo il suo viso non era visibile. Quando diresse la luce in quella direzione, non vide nessuno. Pensò che il tenue chiarore della luna avesse creato un'illusione nel buio e quindi, rassicurato, proseguì. Udendo un rumore di passi dietro di lui, si voltò nuovamente e rivide la stessa figura. Puntando la torcia s'incamminò verso il punto dove l'aveva vista, ma quella riapparve altrove. Si diresse verso *quel* punto; ogni volta che si dirigeva verso quella sagoma, quella si spostava da un'altra parte. Trascorse molto tempo girovagando intorno, senza provare però alcun timore. Quando giunse a casa tutti si erano già coricati e solo la sua camera, che si trovava al piano superiore, era aperta. Qualcuno aveva messo nella stanza il libro contabile dell'ufficio del partito politico di cui era membro. Si sedette su una sedia pensando di dargli un'occhiata prima di stendersi.

"Fu allora che accadde!"

Notai che l'espressione del suo volto era cambiata, il viso era diventato scarlatto per la paura, le mani tremavano.

"Fu allora che accadde *cosa*?", chiesi con impazienza.

Riprese il racconto: sentendo un forte grido, tutti gli abitanti della casa e persino i vicini si svegliarono e accorsero. Egli giaceva a terra privo di sensi, il libro contabile rilegato in pelle che aveva in mano era caduto a terra, rompendosi come un *pappadam*. Alcune persone sollevarono l'uomo che era steso sul pavimento come un cadavere, lo misero sul letto e con un cucchiaio gli aprirono la bocca per fargli bere dell'acqua. Poco dopo l'uomo aprì gli occhi, si mise lentamente a sedere sul letto e, facendosi coraggio, disse: "Ho avuto un incubo e mi sono spaventato".

Dopo un po' se ne andarono tutti ma poi, udendo un altro grido, ritornarono correndo. Quando l'uomo riprese coscienza, spiegò cos'era accaduto. Mentre stava esaminando il libro contabile, un suono lo aveva fatto sobbalzare e, alzando lo sguardo, aveva visto la sagoma apparsa nel campo! Aveva emesso un urlo e poi perso i sensi. Dopo essere tornato in sé, si era presentata la stessa scena ma, questa volta, più chiaramente. Non riusciva però a ricordare cosa fosse capitato in seguito.

Quel giorno provò più volte questo spavento, non riusciva a liberarsi da quella visione. Trascorsero molti giorni, ma le cose non cambiarono. Aveva paura di chiudere gli occhi persino durante il giorno. Per un lungo periodo non riuscì a dormire. Non avendo altra scelta, consultò molti sacerdoti, ma nessuno era in grado di risolvere il suo problema. Alla fine incontrò un sacerdote devoto a Devi che capì subito di che cosa si trattava e disse: "Quella figura non è altro che la manifestazione di Devi, della sua presenza; non sprecare altro denaro cercando ulteriormente. C'è solo una soluzione: pregare per ottenere la Sua grazia". Così, in un tempio dedicato a Devi, l'uomo eseguì uno speciale rito di adorazione per 41 giorni e infine cominciò a sentire qualche beneficio. Al termine di questa pratica, il sacerdote gli legò un amuleto al polso. Ma ogni volta che toglieva l'amuleto, la situazione peggiorava e l'uomo aveva problemi.

Quando udii il suo racconto, non riuscii a trattenere le mie risa e così decisi di portarlo da Amma. Questa volta non fece obiezioni. Mentre attraversavamo le backwater di Vallickavu, le melodie dei bhajan provenienti dal kalari raggiunsero le nostre orecchie.

Quando l'uomo vide Amma, seduta sulla veranda del kalari, assorta nella beatitudine dei canti, sussultò.

"Cosa succede? Di cosa hai paura?", chiesi.

Con le labbra tremanti replicò: "Quella è proprio la figura che mi appariva continuamente!"

Dopo essere corso verso di lei, cadde ai suoi piedi e scoppiò in lacrime, distrutto, chiedendole perdono. Amma pose la testa dell'uomo in grembo e cominciò ad accarezzarlo, poi gli tolse l'amuleto consacrato dal polso.

"Figlio, non hai più bisogno di indossarlo, non hai più nulla da temere. Abbi paura solo del tuo ego. La paura può essere superata con un atteggiamento di devozione. Distruggere la fede di un altro equivale a uccidere un bramino; pertanto, dovrai eseguire alcuni riti espiatori per donare pace agli altri. Chi riesce ad amare gli altri come se stesso non ha bisogno di templi o di altri luoghi di adorazione; Dio stesso sarà pronto a servirlo.

"Tuttavia, la maggior parte delle persone non riesce a lavorare con altruismo, non riesce a servire la società più di quanto ami la propria famiglia. Solo i mahatma, scorgendo Dio in ogni cosa, sono riusciti a servire il mondo intero senza ricevere alcuna ricompensa. Il servizio autentico è possibile solo quando si acquisisce una visione equanime. Negli ashram, nei templi e in altri luoghi di culto impariamo a vedere il Divino in tutti. La fede e l'adorazione di Dio ampliano la visione mentale dell'uomo e sono indispensabili per la gente comune". Le parole di Amma trasformarono quell'uomo in un devoto ideale e in una persona impegnata nel sociale.

Per il Signore è naturale provare compassione per i suoi devoti ma rimasi sbalordito nel vedere Amma esprimere la stessa compassione per chi riteniamo crudele. È facile amare chi ci ama, ma non è facile amare chi ci insulta; la natura innata di Amma, tuttavia, la spinge a riversare il suo amore su chi ama e su chi odia, indistintamente.

Regalo di compleanno

14

Sono pochi coloro ai quali non piace festeggiare il proprio compleanno. In verità, dimentichiamo che ogni compleanno che festeggiamo ci avvicina sempre più alla morte e ci ricorda che la durata della nostra vita si è accorciata di un altro anno. Se siamo nati, dobbiamo morire; non c'è altra possibilità; non è così? Ciò che è nato dovrà anche morire. Come evitare allora la morte? Evitando la nascita; in altre parole, deve morire l'idea che siamo nati. Per chi sa di non essere il corpo ma l'anima, la morte non esiste, le trasformazioni del fisico non lo toccano. La consapevolezza di essere il Sé che trascende il corpo, la mente e l'intelletto può sorgere solo attraverso la grazia di un Satguru come Amma.

Ricordo uno dei miei compleanni, prima che abitassi stabilmente all'ashram. Quel giorno mi recai a Vallickavu per far visita ad Amma e vi andai con una forma mentis che attribuiva troppa importanza a questa ricorrenza. Tenevo nella mano il *payasam* (budino di riso) ricevuto al termine di una puja a cui avevo partecipato in un tempio.

Non avevo mangiato nulla: mi ero diretto verso Vallickavu con la ferma intenzione di ricevere solo quello che mi avrebbe offerto Amma. Che regalo di compleanno mi avrebbe fatto?

Quando raggiunsi la parte antistante il kalari, vidi qualcosa di esilarante: Amma stava lottando con Acchamma, così era chiamata la nonna paterna di Amma. Acchamma amava le burla di Amma. Amma mi vide, ma ebbi la sensazione che mi stesse ignorando. Di solito non era così, mi correva incontro non appena mi vedeva, ma ora faceva finta di non avermi visto e continuava a chiacchierare con gli altri. Trascorsero le ore e venne il crepuscolo. Seduta davanti al kalari Amma incominciò a cantare i bhajan.

Io sedevo abbastanza distante, sulla veranda aperta della capanna e meditavo. Quando i bhajan stavano per terminare, arrivò Ramakrishna (ora Swami Ramakrishnananda Puri) che a quel tempo lavorava all'Harippad Bank. Non appena terminarono i bhajan, Amma, senza rivolgermi neanche un'occhiata, mi passò accanto per andare dov'era seduto Ramakrishna. Come il Signore Krishna si mise a parlare con Arjuna, fingendo di non aver visto Duryodhana che si era presentato per primo, così Amma passò molto tempo con Ramakrishna. Pieno di risentimento e turbato, entrai nel kalari e chiusi le porte dietro di me.

Dopo due ore Amma aprì le porte ed entrò: feci finta di non vederla. Con grande compassione si avvicinò a me, ma non dissi nulla. "Amma voleva vedere quanta pazienza avesse suo figlio. Non ti senti bene?", chiese.

Ridendo, Amma cercò di consolarmi; mi afferrò con forza e mi trascinò in cucina. Notò il payasam che avevo portato e disse: "Figlio, l'hai portato tu?"

Non le risposi.

Amma versò riso e curry su un piatto, li mescolò assieme facendone delle palline. In un primo momento pensai che non ne avrei accettato nemmeno una, ma quando vidi il volto di Amma, che irradiava così tanta compassione, non ebbi il coraggio di rifiutare.

"Figlio, cosa c'è di così speciale oggi?"

Sapevo che mi aveva fatto quella domanda pienamente consapevole di ogni cosa e dissi: "Oggi è il mio compleanno. Ho sentito dire che, per una madre, il compleanno del figlio è molto importante".

"Figlio, tu eri figlio di Amma ancor prima di nascere! Come può quindi Amma considerare questo giorno come il tuo compleanno? Lei non crede che oggi vi sia qualcosa di speciale, Amma non è la madre solo del corpo, è anche la madre del Sé. Poiché il Sé non è mai nato e mai morirà, di quale compleanno dobbiamo parlare?"

Nella saggezza di Amma tutti i miei interrogativi svanirono. Andai a sedermi nel kalari e Amma applicò della pasta di sandalo sulla mia fronte. Dopo aver premuto per un po' con il suo indice il punto tra le mie sopracciglia, uscì dal kalari. Non riuscivo a muovermi da quel posto. L'esperienza che vissi fu davvero straordinaria. Era come se avessi perso completamente il controllo del mio corpo, non riuscivo nemmeno a emettere un suono. Il nettare della compassione di Amma fluì in me come il Gange. Persi completamente la consapevolezza del corpo. Non so per quanto tempo rimasi su quelle spiagge di Pace, totalmente felice.

Chi avrebbe potuto farmi un regalo di compleanno migliore?

Quell'inesprimibile esperienza divina, che solo la compassione di un Satguru può elargire, fu un dono inestimabile e un memento indimenticabile della gloria di Amma, che risplende tuttora nei luoghi della mia memoria.

La scomparsa di un guardiano

15

Era un giorno di bhava darshan. I devoti trattenevano il respiro mentre guardavano Amma leccare il pus che fuoriusciva dalle ferite di un lebbroso. Ero in piedi in un angolo del kalari e osservavo la scena con attenzione, senza distogliere lo sguardo. Mi chiedevo se Amma non si fosse lasciata trasportare dalla compassione che mostrava. In ogni caso la scena non mi sembrò particolarmente commovente e quando il darshan terminò, glielo dissi.

"Amma, dal momento che tu sei onnipotente, potresti curare questa malattia unicamente con il tuo sankalpa. Perché farlo in questo modo?" Amma sorrise e come risposta mi fece una domanda: "Il Signore Krishna non avrebbe potuto convincere i Kaurava con un sankalpa? Perché divenne l'auriga di Arjuna[19]?"

Non sapevo cosa rispondere. Ciò nonostante, Amma capì che non ero soddisfatto delle sue parole e soggiunse: "Figlio, non so perché, ma quando guardo quel figlio affetto da lebbra, mi sento di agire in quel modo. A tempo debito ne comprenderai il motivo".

Successivamente lessi in molti libri che la saliva di un'anima illuminata ha proprietà curative e che è un rimedio infallibile per malattie incurabili. Ma anche allora il mio scetticismo non svanì del tutto. Qual era la differenza tra il corpo di Amma e quello di una persona comune? Non sono entrambi costituiti da

---

[19] Un'allusione alla guerra fra i malvagi Kaurava e i virtuosi Pandava, narrata nel Mahabharata. Quando entrambe le fazioni si recarono dal Signore per chiederne l'aiuto, Egli rispose che non avrebbe partecipato alla guerra, ma che una delle parti avrebbe potuto avere il Suo esercito e l'altra Krishna stesso come cocchiere. Arjuna, uno dei Pandava, scelse il Signore come suo cocchiere, mentre i Kaurava optarono per il Suo esercito.

panchabhuta[20]*?* In tal caso, cosa c'era di così speciale nel corpo di un'anima illuminata come Amma? Non ritornai più su questo argomento con lei.

Trascorsero alcuni giorni. Amma era seduta in una zona dell'ashram punteggiata da alberi da cocco che ondeggiavano alla brezza. I suoi figli, che la seguivano come ombre, le sedevano intorno. A quell'epoca l'ashram era composto da poche capanne disseminate tra gli alberi di cocco, dal kalari e dalla casa in cui Amma era cresciuta. Lei mangiava raramente; se i devoti portavano del cibo, lo divideva tra i figli che le stavano intorno dicendo: "Se lo stomaco dei miei figli si riempie, Amma si sente sazia".

Un giorno aprì un pacchetto di cibo che qualcuno aveva portato e iniziò a nutrire i suoi figli con palline di riso. Improvvisamente, all'esterno, ci fu un trambusto: la gente stava dando la caccia a un cane affetto da rabbia che aveva già morso molte persone. Era uno dei due cani che, agli inizi, stavano vicini ad Amma, come guardiani bellicosi.

"Figlio!"

Amma stava chiamando il cane che corse verso di lei: "Ehi, cosa ti è successo?"

Gli diede una pacca colma d'affetto. L'animale scodinzolò come se nulla fosse accaduto e incominciò a nascondere il muso in grembo ad Amma, imbrattandole il corpo e gli abiti con la saliva e quant'altro gli usciva dalla bocca. Amma lo attirò a sé, lo abbracciò e lo baciò sulla testa. Fece delle palline di riso e gliele mise in bocca. Poi, con la stessa mano ricoperta dalla saliva del cane, cominciò a mangiare il riso. Chi assisteva alla scena rimase sbigottito, senza parole. "Amma, cosa stai facendo?", urlarono alcuni devoti.

---

[20] I cinque (pancha] elementi (bhuta] che sono la causa materiale della creazione.

Lei non prestò loro attenzione. Coccolò a lungo il cane che si acciambellò nel grembo di Amma come un bimbo. "Shri-*mon*[21] vai a prendere una catena".

A quelle parole, corsi nella casa più vicina, trovai una catena e gliela portai.

Amma disse: "Incatena il cane all'albero, è giunta la sua ora". Amma voleva veramente che il cane idrofobo fosse legato? Volevo chiederle "Devo farlo *io*?" Ma mi trattenni; non aveva comunque senso obiettare: non era forse Amma che me lo stava chiedendo? Mi rassicurai dicendomi che si sarebbe presa cura di me e mi avvicinai lentamente al cane con la catena; gliela misi intorno al collo e lo trascinai verso l'albero di cocco davanti al kalari. Mi seguì, docile come un agnello. Il suo comportamento sembrava indicare che fosse consapevole della sua fine imminente. Dopo che lo ebbi legato all'albero, esalò l'ultimo respiro davanti a tutti i presenti. Notai le lacrime spuntare dagli occhi di Amma.

La mamma, il papà, i fratelli e le sorelle di Amma, avendo saputo che aveva toccato il cane rabbioso e aveva mangiato con le mani coperte dalla sua saliva, cominciarono a gemere. Non c'era dubbio che Amma avesse ingerito la saliva dell'animale, ma non solo, aveva anche accarezzato le parti del corpo del cane, ferite dalle pietre che gli avevano tirato. Per questi motivi tutti cominciarono a insistere affinché Amma facesse una vaccinazione antirabbica. Molti di quelli che cercavano di persuaderla la pregarono con le lacrime agli occhi, ma lei rifiutò. Sorridendomi disse: "Figlio, non dovremmo appurare se questo corpo è costituito dai *panchabhuta*?"

Abbassai la testa e con le mani giunte toccai il capo. Riflettendo sulle glorie di Amma, misi a tacere il flusso dei miei pensieri. Attraverso tali esperienze Amma ci insegnava le verità nascoste che l'intelletto non può cogliere. Il Guru svela i segreti che non

---

[21] Il nome dell'autore prima di diventare monaco era Shrikumar.

possono essere trasmessi e il discepolo assorbe lezioni che non possono essere apprese. Il Guru non ha l'atteggiamento di chi insegna e il discepolo impara a sua insaputa. Le esperienze divine attiveranno tutte le informazioni accumulate e faranno chinare la testa al discepolo che, vedendo i poteri sublimi del Guru, diventerà umile.

Una volta acquisita la purezza interiore, le impurità esterne non ci toccheranno. Anche se indosseremo dei brutti abiti, manifesteremo comunque una bellezza straordinaria. I corpi degli yogi che non si sono lavati o non hanno mangiato per anni emanano un dolce profumo dovuto alla loro pratica intensa di meditazione. Quando tutti i nervi vengono purificati, il corpo si libera di ogni impurità e la sola presenza di un simile essere purifica l'atmosfera. È possibile osservare il funzionamento dell'organismo, che consideriamo come un insieme dei pancabhuta, cambiare conformemente alla purezza interiore. Per acquisire la purezza naturale di anime come Amma, dobbiamo iniziare con la purezza esteriore.

I rishi, emblemi di pace, rimanevano immersi in meditazione anche tra bestie feroci che, in presenza di coloro che avevano trasceso il proprio senso di individualità, dimenticavano la loro ostilità istintiva verso gli esseri umani. La presenza dei mahatma, che hanno raggiunto la purezza interiore, si riflette persino sulla natura.

Le vibrazioni dell'amore puro di Amma si diffondono in tutte le direzioni e riuniscono l'umanità. Le gocce di individualità vengono trasformate in un possente oceano di amore e saggezza.

Il suono di una melodia

16

I miei esami per la laurea in ingegneria terminarono e iniziarono le prove inviatemi da Dio. Vivevo a Vallickavu per la maggior parte del tempo. A quell'epoca tutti i membri della mia famiglia purvashram erano diventati devoti di Amma e quindi non mi ostacolavano. Ciò nonostante, i miei genitori erano preoccupati di perdere il loro unico figlio, così mio padre, a mia insaputa, mi procurò un buon lavoro al Raman Research Institute di Bangalore. Sebbene mi fossi opposto decisamente, Amma insistette affinché vi andassi a lavorare almeno per qualche tempo. Nessuno era disposto ad appoggiarmi. Amma e tutti i devoti abituali dell'ashram mi accompagnarono alla stazione; salito sul treno, rimasi a guardare dal finestrino finché tutti scomparvero dalla mia vista.

Dovetti affrontare questa separazione in un momento in cui non riuscivo ad allontanarmi da Amma neanche per un attimo. Sebbene mi riempisse d'angoscia, più tardi capii che era uno dei modi impiegati dalla natura per mostrarmi le meravigliose lila di Amma. Fuori dal finestrino il paesaggio continuava a cambiare. Lodai silenziosamente il treno che, nella sua corsa, non si curava dei continui cambi di panorama. Come avrebbe potuto procedere se si fosse fatto prendere dalla disperazione, ricordando i luoghi già passati? Sentii dentro di me che Amma mi stava dicendo che questo valeva anche per il viaggio della vita.

C'è qualcosa di completamente nostro su questa terra? Qual è il senso di voler possedere ciò che alla fine sarà polvere? Ecco perché ci si rifugia nell'eterna Verità impersonata da Amma e, poiché i mahatma non sono creature limitate al piano fisico, affidarsi a loro non renderà vane le nostre vite. *Perché continuare a sprecare la nostra esistenza perseguendo beni materiali che non hanno valore?* Questo interrogativo si affacciava continuamente alla mia mente. Notai che il rumore del treno stava diventando una ninna nanna. Era come se, grazie alla compassione di Amma, esso cercasse di cullarmi fino a farmi addormentare. "O Signore! La Tua presenza mi è ben visibile: hai infuso l'amore di Amma persino in questa locomotiva?" Non mi resi conto di quando il tocco consolante e i rumori sommessi del treno mi fecero sprofondare in un sonno profondo.

"Non scende?" chiese il controllore svegliandomi.

Mi svegliai di soprassalto. Un altro uomo venne verso di me e si presentò: "Mi chiamo Daniel, la stavo aspettando alla stazione. Uno degli scienziati responsabili mi ha chiesto di venirla a prendere. Ho notato che tutti erano scesi e stavo cominciando a preoccuparmi non vedendola, poi mi sono messo a cercarla in ogni scompartimento e l'ho trovata qui. Mi avevano dato una foto per riconoscerla".

Rimasi meravigliato pensando a come l'Istituto avesse potuto procurarsene una, dal momento che non avevo inviato alcuna domanda o foto, ma non approfondii oltre la questione. Prendendo la mia borsa, Daniel scese dal treno e lo seguii. Non avevo voglia di parlare con nessuno. Daniel non capiva il motivo del mio riserbo: "Non è contento di avere ottenuto questo posto?" Trovare lavoro presso il Raman Research Institute era sicuramente il sogno di molti. Senza attendere la mia risposta, Daniel continuò a parlare.

Cominciai a sentire che mi stavo comportando scorrettamente. In poco tempo raggiungemmo la sua abitazione. Mi scusai per il mio silenzio, cercando di spiegargli che esso era dovuto all'angoscia per la mia partenza da casa. Daniel era una persona molto premurosa: mi preparò subito del cibo e, come una madre, si sedette accanto a me, obbligandomi a mangiare qualcosa. Sentii chiaramente che Amma stava agendo attraverso di lui.

Il giorno seguente ero pronto per recarmi all'Istituto. Presi una foto che avevo custodito con cura nella borsa: era la prima fotografia di Amma che avevo ricevuto, una delle sue rare foto dei primi tempi, l'unica cosa nella vita che consideravo come mia! Ma non riuscii a guardarla a lungo. Prima di uscire, chiesi silenziosamente ad Amma il suo permesso e le sue benedizioni, poi avvolsi la foto in un panno di seta e la rimisi nella borsa.

Quel giorno cominciai a lavorare all'Istituto. Era un lavoro che avevo sognato fin dai tempi dell'università. Fui assegnato al dipartimento di ricerca sulle radiazioni solari e prima di cominciare meditai sul dio Sole, simbolo di saggezza. Non mi sentivo onorato per la posizione che i 17 lunghi anni di studio mi avevano aiutato a raggiungere: seduto in una stanza con l'aria condizionata, circondato da computer e da altre apparecchiature, provavo una sensazione di disagio.

La scienziata responsabile mi prese in grande simpatia e rimasi stupito quando sentii tutti chiamarla "Amma". Non era sposata e aveva dedicato la maggior parte della sua esistenza alla ricerca. Tutti dovevano aver cominciato a chiamarla "Amma" osservando la sua vita, un'autentica testimonianza della rinuncia. Cercai di consolarmi pensando di aver trovato un ambiente che mi avrebbe aiutato a ricordare la mia Amma, il mio Satguru. Sebbene le persone si riferissero a questa ricercatrice come alla "donna che aveva dimenticato di vivere", quando lei parlava dei suoi contributi alla scienza si poteva percepire la bellezza che nasce dal sentirsi appagati. Non potevo esimermi dal pensare quali più alte realizzazioni avrebbe conseguito se solo si fosse dedicata alla ricerca nel mondo interiore.

Mi ricordai delle parole di Amma: "Tutto è possibile per colui che è pronto a rinunciare".

Sebbene la chiamassero "Amma", suscitava un timore generale. Era un capo esigente, che ognuno cercava di compiacere facendo il proprio lavoro nel modo più sincero e perfetto possibile. All'Istituto ero circondato da molto affetto. Capii che la stessa Jagadishvari stava provvedendo affinché nulla mancasse a suo figlio, ma ciò nonostante non ero affatto interessato né a quel lavoro né all'amore di qualcuno. Trascorsi molti giorni senza alcun entusiasmo, da solo e in silenzio.

Amma mi faceva sentire quotidianamente la sua presenza attraverso innumerevoli esperienze. In seguito, lei stessa mi disse che esse avevano lo scopo di mostrarmi come lei non fosse limitata al corpo e fosse sempre con me; Amma pensava inoltre che esse avrebbero diminuito la mia pena.

Queste esperienze invece intensificarono il mio dolore. Trascorsi molti giorni in quella grande città, piangendo e lamentandomi del mio destino. Sentivo che stavo sprecando la mia vita in mezzo al materialismo, come un pazzo che getta via perle inestimabili in cambio di perline di vetro.

Erano trascorse parecchie settimane da quando avevo lasciato Amma ed ero arrivato a Bangalore. Nel frattempo avevo ricevuto numerose lettere di consolazione da lei. Non avevo neppure la forza di finire di leggere le sue parole traboccanti di amore. Mi ritornavano in mente le ultime parole che avevo scambiato con lei mentre la salutavo: "Amma, benedicimi affinché possa tornare presto!" Molte furono le occasioni in cui pensai di ritornare e in quei frangenti Amma mi appariva in sogno e mi proibiva di farlo.

Un giorno in cui non riuscivo a sopportare oltre il dolore della separazione, rivelai tutto a Daniel. Il suo viso impallidì quando seppe che volevo andarmene. Rimase a lungo in silenzio, mi aveva capito già da tempo. Mi portò quindi in un posto solitario, pensando probabilmente che mi avrebbe consolato un po'. Era un luogo desolato in cui le montagne si stagliavano verso il cielo e il terreno era cosparso di rocce. Possedeva una elementare bellezza naturale, completamente priva dell'artificiosità delle città. In lontananza le nuvole si radunavano per piangere il sole che stava calando. Non c'era modo che la dea della natura, già testimone di indicibili albe e tramonti, vedesse qui qualcosa di diverso. Quanti altri funerali come questo si sarebbero celebrati! Su chi avrebbero potuto riversare il proprio dolore le nuvole struggenti che mancavano della forza d'animo di assistere a tutto questo? Presto anche le loro incantevoli forme sarebbero scomparse e la danza notturna della distruzione avrebbe avuto inizio: sarebbe sopraggiunto il terrore che, in un sol colpo, avrebbe precipitato nel dolore quanti erano rimasti sbalorditi dalle innumerevoli sfumature di colore del giorno.

Capii tuttavia come la mancanza di chiarezza causata dal buio dell'ignoranza fosse di gran lunga più terrificante di quella notte. Daniel e io ci inerpicammo lentamente sulla montagna. La brezza leggera che era scesa a carezzare il crepuscolo ci diede un po' di sollievo. Ci sedemmo su un masso e parlammo a lungo di Amma, lo sguardo perso in lontananza. Daniel si sdraiò sulla roccia e io mi spostai leggermente, chiudendo gli occhi per cercare di meditare. Un pensiero insolito mi attraversò la mente: non è forse questo corpo la causa della mia separazione da Amma? Distruggiamolo, allora! Senza ulteriore indugio mi alzai da dove mi trovavo. Mi accorsi che Daniel stava dormendo e lentamente mi spostai sull'altro lato del masso.

Le montagne splendevano al chiarore della luna piena; sotto di me si trovava un precipizio profondo. Chiusi gli occhi per un attimo e pregai. Le mie gambe si misero a correre rapidamente... qualcuno mi strattonò con grande forza e caddi all'indietro. Chi mi aveva allontanato? Daniel? Mi voltai indietro ma non c'era nessuno dietro di me! Daniel era ancora sdraiato nello stesso posto e dormiva. Cercai di alzarmi di nuovo senza riuscirci. Sbalordito, rimasi in quella posizione non sapendo cosa fosse accaduto. Avevo la sensazione che mi stesse girando la testa. Rimasi supino sul masso e chiusi gli occhi, meditando su Amma. Dopo un po' di tempo sentii la sua voce risuonarmi nelle orecchie.

"Figlio, il suicidio è un atto vile; il corpo è molto prezioso, è un dono di Dio, uno strumento per realizzare l'Atman e per donare pace a molte persone. Distruggerlo è il peggior crimine che puoi commettere contro l'umanità e contro Amma. Non rimanere legato alle circostanze, sii coraggioso! Figlio, procedi senza vacillare, Amma è con te".

Era la voce della mia Amma, la voce del mio sé interiore. Sopraffatto dal rimorso, scoppiai in lacrime. Perché addolorarmi se Amma dimora nel profondo del mio cuore come *antaryami*, testimone di ogni mio pensiero e azione? Sdraiato sulla roccia, alzai lo sguardo verso il cielo: la luna piena risplendeva. Potremmo mai essere privati anche del semplice conforto della sua luce nell'oscurità? Guardai attentamente la faccia della luna e vidi la Dea dell'universo che mi coccolava con le sue innumerevoli mani. Dal profondo del cuore una breve poesia sgorgò dalle mie labbra.

arikil undenkilum ariyan kazhiyate
alayunnu nan amme...
kannundennalum kanan kazhiyate
tirayunnu nan ninne... amme
tirayunnu nan ninne

O Amma, anche se sei vicina,
vago senza meta.
Anche se ho gli occhi, ti cerco,
incapace di vederti.

hemanta nilanishithiniyil putta
vartingal niyano...?
vanilettiduvan kazhiyate tirattil
tala tallum tiramala nan... amme
tala tallum tiramala nan

Sei tu la splendida luna
che sorge nel cielo blu dell'inverno?
Io sono un'onda che, non sapendo raggiungere il cielo,
batte il capo contro la spiaggia.

ihaloka shukhamellam vyarthamanenulla
paramartham nan arinnapol
iravum pakalum kannir ozhukki
ninne ariyan koticcu... amme
ninne ariyan koticcu

Quando riuscii a comprendere la verità
che tutti gli agi del mondo sono vani,
versai lacrime giorno e notte,
struggendomi per conoscere Te, o Amma.

dukhabharattal talarunnorenne ni
ashvasippikkan varille...?
ettitumennulla ashayote nan
nityavum kattirikkunnu... amme
nityavum kattirikkunnu

Verrai a confortare me,
stremato dal peso del dolore?
Desideroso di vederti arrivare
rimango sempre in tua attesa, o Amma.

La voce di Amma risuonò nuovamente nelle mie orecchie: "Si può restare per sempre un bocciolo? Abbraccia il dolore della fioritura, lascia sbocciare il tuo cuore. In te ci sono la fragranza e la bellezza da condividere con gli altri. Non curarti delle pene transitorie della crescita, preparati al sorgere del sole della conoscenza".

Il dolore che Dio ci dona è certamente meglio della felicità che proviene da ogni altra fonte. Chi rincorre i piaceri è pronto a volgere le spalle a Dio. Il devoto è colui che accoglie il dolore, solo a lui appartiene il Beato. C'è profondità nella sofferenza; quando siamo pronti a sopportare la sofferenza per amore di Dio, essa diventa tapas (austerità). Amma dice che la vita non è una maledizione, ma è una benedizione donataci da Dio. Il problema non è il mondo; i problemi e la noia appartengono solo alla mente dell'uomo. Dobbiamo imparare a superarli e la spiritualità ci prepara a questo. La nostra vita deve diventare un'arte.

Vi sono cose in questo universo che si possono conoscere solo attraverso l'esperienza; la verità può essere solo esperita. Dio è un'esperienza divina che non può essere né trasmessa né espressa. L'amore e la compassione illimitati che traboccano da Amma ci aiutano a intuire che cos'è Dio.

La visione della bellezza divina

17

Dopo aver dato le dimissioni dal Raman Research Institute mi affrettai a prendere un treno per casa. Non avevo la pazienza di aspettare il permesso di Amma. Avevo compreso quanto fosse vero il detto sul valore di ogni giorno trascorso solo dopo aver incontrato Amma; consapevole della mia sofferenza per l'immensa perdita di ogni momento lontano da lei, come avrei potuto starle lontano? Finché non diventiamo consapevoli della presenza divina di Amma dentro di noi, la sua vicinanza fisica è molto importante. Finché il Guru interiore non si risveglia, il Guru esteriore è essenziale. Il bimbo che sta imparando a camminare non può fare a meno del supporto della mano della madre. Avevo appena mosso i primi passi sul sentiero della spiritualità e non sapevo nulla dei suoi pericoli. Solo il Guru ci può insegnare come trasformare gli ostacoli in pietre d'appoggio. Per il discepolo che ha rinunciato al mondo e ha preso rifugio ai piedi del Guru non vi è nulla che sia un 'ostacolo'. Tutte le esperienze diventano un aiuto alla crescita spirituale. Lo sguardo pieno di compassione del Guru darà al discepolo la forza necessaria. La presenza del Guru è la summa di tutti quei poteri che non sono visibili nemmeno con migliaia di occhi!

Per i puri di cuore non sarà difficile apprezzare gli infiniti bhava del Guru; per raggiungere una simile purezza è necessaria la vicinanza fisica del Guru.

Quando giunsi a casa dopo il viaggio in treno, crollai completamente esausto. Il corpo non era in grado di sopportare la totale privazione di cibo e sonno durata diversi giorni e così fui ricoverato in un ospedale vicino per qualche giorno. Avendo riscontrato i sintomi di una polmonite, i medici mi prescrissero un riposo totale, a letto. Avevo lasciato il lavoro ed ero tornato precipitosamente per l'ardente desiderio di vedere Amma e invece ero finito in ospedale. Cercai di consolarmi al pensiero che era la punizione di Amma per aver rassegnato le dimissioni senza il suo permesso.

Mio padre si recò a Vallickavu per informarla del mio stato e lei non approvò la mia richiesta di farle visita. Gli disse che per il momento era meglio che non viaggiassi e che sarebbe venuta lei a trovarmi in ospedale. Prima che mio padre partisse, gli avevo detto che sarei andato a trovare Amma a Vallickavu per poi ritornare immediatamente in ospedale. Una speranza che mi venne subito tolta. Quando Amma espresse il desiderio di farmi visita in ospedale mio padre protestò: "No, Amma, non è necessario che ti disturbi ad andare fin là, i medici dicono che verrà dimesso in un paio di giorni". A questa notizia Amma gli diede del prasad e della cenere che aveva benedetto per me. Mio padre cosparse la cenere su tutto il mio corpo e dopo aver mangiato un po' di prasad mi sentii molto meglio. Tuttavia, ero ancora molto triste per non averla potuto incontrare.

Quella notte non riuscii a dormire. Erano trascorsi mesi da quando l'avevo vista per l'ultima volta. Il nostro primo incontro era stato un evento molto importante che aveva completamente cambiato la mia visione della vita. Rimasi a letto e mi misi a pregare incessantemente Amma, la Dea dell'universo che aveva creato un Vaikunta[22] sulla terra permettendo a migliaia dei suoi figli di danzare in estasi, di concedermi che non sarei mai più stato allontanato da lei. Cercai di dormire, ma senza risultato.

Improvvisamente sentii il tocco leggero di una fresca brezza. Capii solo successivamente che quel vento profumato che mi accarezzava preannunciava l'arrivo della Madre Divina, la

---

[22] La dimora del Signore Vishnu, usata qui in senso figurato per indicare il paradiso.

La visione della bellezza divina

personificazione della compassione. Il tintinnio delle cavigliere che Amma era solita indossare raggiunse le mie orecchie. In un angolo della stanza sembrò prendere forma un cerchio di luce, pervaso dalla radiosità del gentile sorriso di Amma. L'intero edificio sembrava sollevarsi da terra, cercai di aggrapparmi al letto per non cadere, ma non riuscivo a muovere le mani e le gambe. Improvvisamente tutto divenne immobile. Rapito da una musica dolce che non avevo mai udito prima di allora, mi immersi completamente in quella melodia. La figura incantevole di Amma, circondata da un alone luminoso, cominciò a venirmi incontro. Rimasi pietrificato, il mio sguardo era fisso su di lei. La sua forma deliziosa, riccamente adornata, una forma vista raramente, mi si accostò. Dopo essersi seduta sul letto, prese la mia testa in grembo e l'accarezzò gentilmente: attimi preziosissimi di una visita divina! Sebbene fossi consapevole che Amma mi stesse baciando la testa e scacciasse tutto il dolore dal mio cuore, non mi mossi, il mio corpo era diventato immobile. Quando si affacciò alla mia mente il pensiero che non sarei neppure riuscito a prostrarmi a lei, m'indicò con un gesto di non farlo. Le sue carezze diventarono la cura divina che cancellò i karma di innumerevoli vite.

In quel mentre la porta si aprì e mio padre entrò nella stanza. Era uscito per procurarmi dell'acqua tiepida da sorseggiare con le mie pillole. Come mio padre si avvicinò, la forma di Amma cominciò a sbiadire e presto scomparve. Pensando che stessi dormendo, mi scosse dicendomi: "È ora di prendere la medicina".

Ingerii le pastiglie e continuai a restare a letto. Non riuscivo a parlare. Non avevo mai avuto prima di allora un darshan così vivido. I miei occhi, orecchie e naso nel quale avevo gustato le vibrazioni narravano ancora l'esperienza pulsante di quel darshan, e della bellezza infinita che Amma ha tenuto nascosta dentro di sé. Anche se riconoscevo con l'intelletto che Amma non è limitata al suo corpo, la conoscenza acquisita da questa esperienza, non poteva essere descritta a parole. Per questo motivo mi astenni dal dirlo a mio padre.

Il giorno successivo insistetti per andare a Vallickavu. Il dottore alla fine cedette e mi dimise dall'ospedale, ma solo dopo avermi ricordato che avevo bisogno ancora di qualche giorno di riposo. Accompagnato da mio padre mi recai direttamente da Amma, che era seduta davanti al kalari come se mi stesse aspettando. Non sembrava essersi riposata dopo la notte di bhava darshan. Sulla sua fronte il segno rosso di pasta di sandalo era ancora intatto e non si era ancora cambiata gli abiti indossati in tale occasione. La cenere che si era sparsa mentre dava il prasad ai devoti le aveva lasciato delle macchie bianche sui vestiti, sui capelli e sul viso. Persino quelle particelle di polvere sembravano non volerla lasciare. Quando Amma mi vide da lontano, mi fece un cenno. Corsi da lei e mi prostrai; ponendo affettuosamente la mia testa in grembo, mi accarezzò. La fragranza divina che avevo percepito il giorno prima durante il darshan nella stanza dell'ospedale emanava ora dal suo corpo. Piangere in grembo ad Amma alleviò molto la mia pena. È il senso di sollievo che si sente quando si realizza che c'è qualcuno in grado di addossarsi tutti i nostri fardelli. Un sollievo che si trasforma in quella fiducia in noi stessi che è un vero dono di Dio. Solo Lui può donarla. Notai che anche gli occhi di Amma si stavano riempiendo di lacrime di amore e compassione.

"Amma, sei venuta a trovarmi?"

Fece segno di sì con la testa.

"E allora perché te ne sei andata senza dire nulla?" chiesi di nuovo.

Amma rimase in silenzio, limitandosi a sorridere. La risposta alla mia domanda era in quel sorriso.

Nei momenti in cui si sperimenta il Divino persino il parlare diviene un ostacolo; in quei frangenti le parole vengono meno. Il silenzio è l'espressione dell'anima. Il linguaggio è superfluo quando le anime si incontrano. L'unione del jivatma con il Paramatma annuncia l'unione tra il Guru e il discepolo. Davanti al Guru egli diventa un bambino; quando il discepolo è completamente innocente, il Guru diventa una madre che, celando i propri infiniti attributi divini, lo attira a sé in modo dolce e affettuoso. Tale legame conduce il discepolo verso la libertà e la beatitudine eterna. A tale scopo il Guru utilizza il bhava della maternità per portare il discepolo all'innocenza dell'infanzia.

Un bambino non vede il male poiché nella sua mente esiste solo il bene; nella sua mente non dimorano neanche molti pensieri, pensa solo alla madre. Il suo mondo è sua madre, la sua fede è in lei. Le parole degli altri non possono spogliarlo di questa fede perché ha sperimentato l'amore impersonato dalla madre. Il bambino non è interessato a nessun altro; se non vede la madre, piange e il pianto è l'unico linguaggio che conosce.

"Esiste una preghiera più grande del pianto? Se riusciamo a piangere per Dio, non abbiamo bisogno di altro per proteggerci dalle miserie del mondo".

Mi ricordai di queste parole di Amma e mentre ero sul suo grembo e piangevo, l' "io" in me si dissolveva.

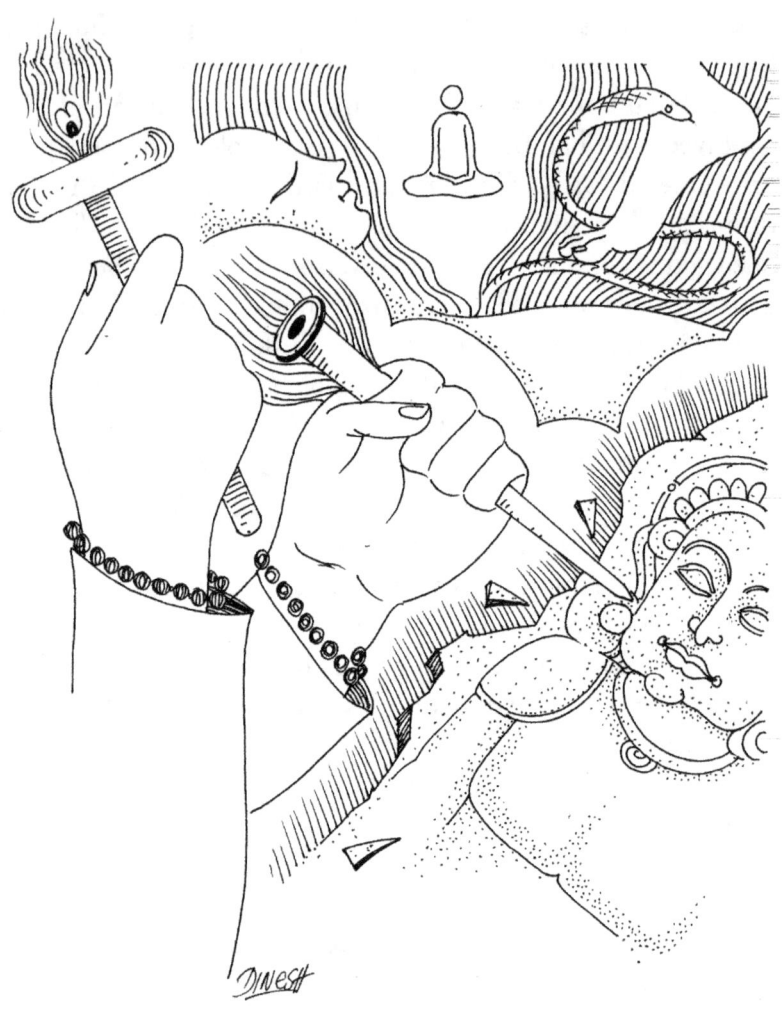

Le prove inviatemi da Amma

18

Questo universo è un emblema di unità: le stelle che restano al loro posto per mutua attrazione, i pianeti che ruotano, gli arcani misteri accessibili solamente nei più alti stati di meditazione. Amma dice che la bellezza divina è presente ovunque nel cosmo e che non esiste nulla che sia brutto: tutte le perversioni sono costruzioni della mente umana. Chi ha amore può percepire la bellezza ovunque. Attraverso la forza seducente dell'amore, si consegue la purezza necessaria per scorgere la bellezza divina. Amma sta cercando di svegliare in noi quell'amore divino.

Quando tornai da Bangalore incominciai a stare con Amma, senza trovare alcuna opposizione da parte dei miei famigliari. I giorni successivi furono una rara opportunità per dedicare il mio tempo esclusivamente alla *sadhana*. Le albe portatrici dell'inebriante beatitudine della sadhana e i crepuscoli che mi facevano piangere senza motivo trascorsero rapidi. Come desideravo in quei giorni trascorrere la mia vita intera versando lacrime per Dio! Mi beavo nell'aura di amore proveniente da quella figura mirabile che è Amma, dimentico di tutto il resto. Quando comprendiamo che tutto ciò che abbiamo conseguito non ha di fatto alcun valore, non rimaniamo più illusi da quei cosiddetti guadagni. Non è facile sviluppare questo distacco, ma la presenza di un grande Guru come Amma ci aiuta a farlo. La spiritualità ci consente di mutare la nostra visione della vita ed è questa esperienza divina che Amma ci trasmette.

Ogni momento trascorso con lei richiamava alla mente quanto ogni giorno fosse prezioso. Un'ebbrezza festosa era sempre presente, giorno e notte. Quando alle tre del mattino riuscivamo ad avviarci con i recipienti per attingere l'acqua, Amma aveva già raggiunto il pontile con il contenitore più capiente; alle nostre obiezioni rispondeva dicendo di essere abituata a grandi carichi. Immagino che per chi porta i pesi del mondo non sia così difficile trasportare un recipiente pieno d'acqua! In quei giorni occorreva attendere a lungo prima che l'acqua fluisse nelle condutture, era un'impresa davvero ardua. Al mattino i rubinetti erano vuoti: dovevamo quindi raccogliere l'acqua necessaria per l'ashram prima che facesse giorno. Amma prestava particolare attenzione affinché nessun devoto giunto per il darshan soffrisse per la mancanza d'acqua. Ci stava insegnando a non tralasciare alcuna opportunità di servire i devoti.

A quel tempo l'ashram non era ancora registrato e i suoi residenti potevano contarsi sulle dita di una mano. Non esisteva nemmeno una capanna a cui ci si potesse riferire come ashram. Starsene sdraiati sulla sabbia davanti al kalari e addormentarsi ammirando le stelle era davvero meditazione. L'unico edificio presente era il kalari, dove Amma era solita dare il darshan. Sull'altare del tempio si trovavano una spada e un tridente, le armi divine che Devi usava per sradicare l'ego e impartire la saggezza! L'ego viene annientato quando si trova di fronte all'amore. Amma ci dimostra come l'amore riesca a vincere ove gli armamenti falliscono. Le armi di Devi non possono essere la spada e il tridente che noi vediamo poiché, come Amma dice, sono solo dei simboli. Perché, infatti, Devi dovrebbe aver bisogno di armi? Quando Colei che con la sua sola forza di volontà può cambiare ogni cosa vive con noi, munita delle sue armi invisibili, ogni nostro dubbio e timore scompare. Nessuna madre combatterebbe contro i propri figli, pertanto le armi nelle mani di Madre Kali sono l'amore, la compassione e altre virtù divine. E l'ego, dinnanzi a questo amore, abbassa la testa.

Upavasa

19

In passato l'ashram non era affollato come oggi. Amma aveva più tempo da trascorrere con i brahmacharin e le brahmacharini e si accertava che osservassimo la routine prescritta e non trascurassimo le nostre pratiche spirituali. Lei desiderava che meditassimo per otto ore al giorno e si univa a noi nella meditazione. Era molto attenta affinché tutti sedessero assieme per meditare. Non dovevamo muoverci o aprire gli occhi. Talvolta arrivava con qualche sassolino che finiva su chi non era attento, in modo che divenissimo consapevoli di quando la mente si stava allontanando dalla forma di Dio. Quando Amma iniziava a meditare, apriva gli occhi solo dopo ore. In sua presenza anche per noi era possibile sedere così a lungo in meditazione. Quando si è vicino a lei, è facile concentrarsi ed è per questo che nessuno percepiva la meditazione come particolarmente impegnativa. Qualunque fossero i suoi impegni, alle quattro del mattino Amma controllava che tutti si fossero svegliati e destava chi stava ancora dormendo. Talvolta trascorreva la notte nella veranda fuori dalla sala di meditazione. Se anche una sola persona non avesse seguito il programma, quel giorno Amma non avrebbe neanche bevuto. Nessuno si risentiva dei suoi rimproveri, ma non vi era alcuno che riuscisse a sopportare di vederla digiunare, punendo il suo corpo. Pertanto, solitamente, non vi era nessuna defezione alla routine: meditazione per otto ore, recitazione del *Lalita Sahasranama*, pratica degli esercizi di *Hatha Yoga*, studio dei testi vedici e canto dei bhajan, queste attività si susseguivano ininterrottamente.

Un giorno Amma entrò nella sala della meditazione e disse: "Figli, dovete digiunare e osservare il silenzio almeno una volta alla settimana". Occorreva trascorrere il giorno del digiuno nella sala della meditazione a meditare e ripetere il nostro mantra e Amma scelse il sabato per eseguire tali pratiche.

Quando arrivò il sabato ci recammo nella sala della meditazione e ci immergemmo rapidamente nella sadhana. In tarda mattinata Amma ci servì latte allungato con acqua e prima di andarsene ricordò a tutti noi: "Oggi nessuno toccherà cibo".

Alle undici ritornò con un recipiente di terracotta: "Figli, non dovete morire di fame! Potete mangiare delle banane".

Ella distribuì a tutti banane cotte al vapore e caffè zuccherato: "Figli, non mangiate altro".

Con queste parole se ne andò. Tutti fummo assorbiti dalla meditazione e dal *japa* (recitazione ripetuta del mantra). Amma ritornò in seguito due o tre volte e ci controllò dalla finestra, ma poi non la rivedemmo per lungo tempo. Secondo le indicazioni ricevute da lei, ognuno fissava l'immagine della propria ishta devata cercando di visualizzare quella forma al proprio interno.

Erano passate le due del pomeriggio e nessuno aveva lasciato la stanza. Amma si affacciò sulla porta e guardò all'interno. Il suo viso era pallido, la fuliggine copriva il suo volto, la camicia e la gonna e gocce di sudore imperlavano la sua fronte. Ci fissò con un'espressione di profonda compassione e poi disse: "Figli, Amma si sente a disagio: voi non state mangiando per le sue parole? O Signore, come sono crudele! Vedendo l'atteggiamento di abbandono dei suoi figli lei non è riuscita a restare seduta, si è recata in cucina e ha preparato riso e curry. Amma non ha avuto il coraggio di far patire la fame ai suoi figli, era molto turbata. Alzatevi subito, lei servirà il cibo a ciascuno di voi".

Amma radunò tutti e ci fece mangiare. Un devoto che aveva assistito alla scena si mise a ridere e disse: "La parola *'upavasam'* (che in malayalam corrisponde a 'digiuno') significa 'essere vicini al Signore', ecco perché, pur avendo mangiato, i figli di Amma non hanno rotto il proprio digiuno. Dopotutto non sono sempre vicini ad Amma?"

In verità, quando si è con il Signore la fame e la sete scompaiono. Solo quando Amma ce lo ricordò provammo il desiderio di mangiare. Nella freschezza dell'affetto materno ci si dimentica del proprio corpo. Come rinunciammo con entusiasmo al cibo e al sonno per poter avere una visione del Signore! I soli piaceri materiali non riescono a soddisfarci. È possibile sperimentare la beatitudine divina in questa stessa vita, ma perché questo si realizzi sono necessarie la pratica della sadhana e le benedizioni del Guru. Sebbene la meditazione, il japa, le buone azioni e l'osservanza dei voti siano tutti utili per conseguire tale beatitudine, il mezzo migliore per ottenerla è l'associazione con i mahatma, perché in loro presenza le nostre impurità mentali vengono gradualmente estinte.

Anche se la realtà Suprema è dentro di noi, il percorso che ci porta alla sua realizzazione è molto lungo. In questo universo, cosa potrebbe esserci di più vicino a noi dell'anima? Sperimentiamo la consapevolezza imperitura, immutabile, onnipotente, la cui essenza è pura beatitudine, in modi completamente diversi, così diversi come la notte è diversa dal giorno. Ecco perché non siamo in grado di comprendere la Verità senza l'aiuto di qualcuno che abbia conseguito la conoscenza del Sé. La nostra vicinanza ad Amma non è paragonabile a nessun altro legame. Amma sta con noi come una persona comune per condurci al mondo del Sé e ogni sua mossa è colma di significato.

Pellegrinaggio ad Arunacala

20

Ogni anno Amma si recava a Tiruvannamalai in un ashram che le aveva donato un discepolo americano, Neal Rosner, ora Swami Paramatmananda Puri. In un vecchio tempio locale, il giorno di *Kartika*, che cade nel mese di *Vrishcika*, è considerato di grande auspicio. Devoti provenienti da ogni parte dell'India si recano a Tiruvannamalai alcuni giorni prima della ricorrenza e vi rimangono per vedere e adorare la lampada che viene accesa in quell'occasione, camminare attorno alla montagna e partecipare alla festa dei carri. Amma generalmente arrivava il giorno prima dell'accensione della lampada.

I ricordi della mia prima visita con Amma a Tiruvannamalai sono ancora vividi nella mia mente. Ci recammo là in treno e, inutile a dirsi, il viaggio fu molto divertente. Le persone rimanevano meravigliate vedendo Amma comportarsi come una bimba birichina. Simile a un controllore che cammina lungo il corridoio chiedendo a tutti se hanno il biglietto, Amma si muoveva dicendo: "Figlio hai avuto le noccioline? Vuoi dell'*avil* (fiocchi di riso)? Chi non ha ancora ricevuto le banane?" Di tanto in tanto Amma sedeva tra i passeggeri e cantava dei bhajan.

Gli altri viaggiatori fissavano con stupore quella ragazza in gonna e camicetta correre avanti e indietro. Amma non esitava a dare il prasad persino a chi non la conosceva e addirittura si sedeva vicino a loro, chiacchierando amabilmente.

Era l'ora del crepuscolo: seduto, guardavo assorto le palme sparire a ponente. Il sole al tramonto aveva tinto di color zafferano l'orizzonte; la luce vermiglia aveva sparso il suo riflesso sui visi dei passeggeri del treno e i loro volti rossastri fissavano ispirati Amma. Durante i bhajan della sera tutti i presenti si unirono ai canti con entusiasmo e persino viaggiatori di altri scompartimenti si stiparono nel nostro. Alcuni rimasero così affascinati dal ritmo dei bhajan che iniziarono a danzare. Quando i canti terminarono, qualcuno chiese informazioni su Amma, altri andarono da lei e le baciarono le mani, altri ancora rimasero immobili a fissare il suo volto angelico. A quel tempo pochi avevano sentito parlare di lei, tuttavia molti devoti del Tamil Nadu solevano farle visita a Vallickavu ed erano quindi in tanti ad attenderla a ogni stazione con le ghirlande in mano, pronti a unirsi a noi nel viaggio. Il gruppo iniziale, che si componeva di poco più di 20 persone, diventò sempre più numeroso. Dapprima con Amma c'erano solo dei brahmacharin e pochi devoti capifamiglia, ma gradualmente il seguito s'ingrandì notevolmente.

Quando raggiungemmo Tiruvannamalai, i devoti venuti ad accogliere Amma erano già sul posto. Tra loro, una parsi conosciuta come 'Bhagavan Priya', che aveva vissuto per 33 anni con Ramana Maharshi[23], diede il benvenuto ad Amma a nome del Ramana Ashram, le cinse il collo con una ghirlanda e l'accompagnò all'interno. Al termine dei bhajan, Amma incominciò a dare il darshan mentre una grande folla le si radunava rapidamente intorno.

L'indomani, nel tempio di Tiruvannamalai, si sarebbe tenuta la festa dei carri e centinaia di migliaia di persone sarebbero convenute per quell'occasione. Sugli edifici torreggiavano grandi carrozzoni, allineati appositamente. Nealu (Neal) insistette affinché Amma vedesse il corteo dei carri e alla fine lei acconsentì. Egli aveva già predisposto anche un luogo appartato per Amma e il suo seguito: la terrazza di un edificio a due piani che si affacciava sulla strada proprio di fianco al tempio.

---

[23] Maestro spirituale illuminato (1879–1950) vissuto a Tiruvannamalai, nel Tamil Nadu. Come percorso verso la liberazione raccomandava l'investigazione introspettiva, sebbene approvasse altri percorsi e pratiche spirituali.

I carri per la manifestazione riempivano il cortile interno del tempio. Migliaia di persone in fila tenevano in mano una robusta fune che sarebbe servita per tirarli. Nealu e altri devoti scortarono Amma nel luogo a lei riservato. La gente aveva già preso posto nei negozi, sopra i muri, all'interno degli edifici e sulle terrazze. La marea umana che stava giungendo non lasciava nemmeno un briciolo di spazio libero. La polizia fischiava per calmare la folla, poiché poteva succedere che, all'avvio dei carri, il controllo della massa sarebbe potuto risultare assai difficoltoso. Inebriati, i devoti che avrebbero trascinato con fervore i carri si sarebbero dimenticati di ogni cosa e, una volta messi in moto, non sarebbe stato facile fermare i carri. Per impedire che i colossi li urtassero, la polizia cercava di spostare i devoti dal percorso, nonostante la folla caotica non permettesse ancora ai devoti di iniziare a trascinare i carri.

All'improvviso un uomo emerse dalla calca e salì di corsa sulla terrazza. Indossava un turbante e numerosi strati di vestiti e teneva un ventaglio in mano; dava l'impressione di essere un po' stravagante. Non appena lo videro, le persone si scostarono rispettosamente.

Chi poteva essere quell'uomo? Rimasi a guardare profondamente stupito. La luce che brillava nei suoi occhi e quel suo passeggiare sorridendo sulla terrazza, lo distinguevano dal resto della gente. Infine questo individuo stranamente abbigliato e con un ventaglio in mano raggiunse Amma. Era un *avadhuta*, noto come Ramsurat Maharaj, che aveva scorto Amma tra la folla e le era corso incontro. Iniziò a farle aria con il suo ventaglio e lei accarezzò affettuosamente quello yogi che la stava fissando immobile. Sebbene ignorassimo ciò che si stessero dicendo nel linguaggio del silenzio, in poco tempo la maestosità della loro quiete ci rese silenziosi come sentinelle. Osservavamo incantati il viso di loto di Amma sul quale si esprimevano in piena libertà gli stati divini della Madre universale. Dopo qualche tempo lo yogi scese dalla terrazza e scomparve nella moltitudine umana. In verità, chi di noi era accanto ad Amma dimenticò completamente la festa dei carri e questo episodio ci ricordò, ancora una volta, come alla sua presenza tutto il resto perda importanza.

Udendo il suono di un cannone, guardai in basso: i carri si erano messi in moto. Dimentico di tutto nell'ebbrezza della beatitudine, lo stuolo di devoti cominciò ad avanzare. La vista della polizia che cercava di allontanare le persone dal percorso dei carri intensificava l'eccitazione già presente.

All'improvviso il comportamento di Amma cambiò: "Ora voglio andarmene!" disse con insistenza.

"Dove?" chiedemmo meravigliati.

"Non mi piace stare qui!"

Nealu e gli altri devoti erano allibiti. "Amma, non puoi allontanarti adesso, è difficile lasciare questo posto prima che i carri se ne siano andati. I gradini per scendere e tutte le strade brulicano di gente".

Ma per quanto cercassimo di convincerla, lei non cedette. Spingendoci da un lato, scese di corsa i gradini. Tuffandosi in quel mare umano, dovette finire per calpestare inavvertitamente molte persone, riversando così su di loro la sua benedizione. La seguimmo correndo.

Amma non è consapevole del suo corpo fisico, non nutre alcun attaccamento nei suoi riguardi e il dovere dei discepoli è quello di proteggere il corpo del Guru; unimmo quindi le mani e creammo un anello di protezione intorno a lei. Tuttavia, non riuscimmo a mantenere quel cerchio a lungo: non appena ci trovammo nel tumulto della folla, esso si ruppe. Ruotando vorticosamente e inutilmente, e senza trovare una via di uscita, fummo spazzati via da quel fiume di persone.

Non solo non sapevamo più dove fosse Amma, ma anche quelle cosiddette guardie del corpo, che avevano valorosamente formato un anello di protezione intorno a lei, erano scomparse. Mentre ce ne stavamo là, inutili e completamente esausti, alcune persone uscirono da qualche angolo della folla venendo in nostro aiuto: erano dei devoti di Amma di Madurai. Aprirono il cancello di una casa e ci fecero entrare in fretta.

"Dobbiamo subito trovare Amma!" dissi loro.

A queste parole scoppiarono a ridere. Non capendo il perché di quella risata ci guardammo l'un l'altro. "È stata lei stessa a mandarci in vostro aiuto", dissero, " Amma è qui!"

Solo allora ci accorgemmo che lei era davvero seduta sotto il portico della casa! Che ironia! Amma aveva dovuto inviare qualcuno a soccorrere noi che credevamo di essere le sue guardie del corpo. Era implicito il messaggio che lei non necessita della protezione di nessuno.

Come aveva fatto a raggiungere quella casa? Ignoravamo che lì vicino abitasse un devoto. La visita di Amma completamente inaspettata aveva colmato di gioia e d'immensa beatitudine la famiglia che risiedeva in quella casa. Ci trovammo di fronte ad Amma con gli abiti ridotti a brandelli e quando lei ci vide in quello stato scoppiò a ridere.

"Figli, vi hanno spinto e strattonato? Amma ha preso qualche bel colpo! È stato proprio divertente!"

Il Signore non accetta amabilmente di essere preso a pugni dai suoi devoti? Amma cercava di farci ridere con le sue battute; per lei ogni cosa è un divertimento. Per colui che sa godere di ogni cosa, come può esistere il dolore? Se lo lodi, è felice; se lo critichi, lo è ancora di più! Se vince, è felice; se perde, lo è ancora di più! Se dispone di agi materiali, è felice; se deve vivere con parsimonia, lo è ancora di più! Poiché un mahatma sa trasformare ogni situazione della vita in un evento gioioso, chi potrebbe rattristarlo?

Tutte le persone del seguito di Amma che si erano disperse raggiunsero la casa una dopo l'altra. Infine, qualcuno arrivò sorreggendo Nealu.

Nealu, che era nato in una famiglia ebrea in America, disse ad Amma in malayalam: "O Madre mia! Pensavo di morire! Il mio ego è stato fatto completamente a pezzi! Non insisterò mai più con Amma affinché assista alla festa dei carri!"

A questa esclamazione Amma incominciò a ridere fragorosamente e parve che l'eco della sua risata riecheggiasse in tutto l'universo. Suonava così ricca di significato!

Lo scopo del Guru è quello di distruggere il nostro ego. Il Signore ci ha donato tutto quello di cui abbiamo bisogno, ma non sappiamo cosa dovremmo conoscere e il Guru è giunto a noi per aiutarci a prenderne coscienza. Affinché questo accada, è necessario eliminare uno dopo l'altro gli strati che compongono l'ego.

"In ogni caso Amma non avrebbe dovuto scendere dal terrazzo in quel modo", dissero tutti quelli che si trovavano intorno a lei.

Immediatamente il bhava di Amma mutò; con una voce che esprimeva la solennità del ruolo del Guru disse: "Figli, avevate veramente pensato che Amma sarebbe comodamente rimasta lassù a osservare la sfilata dei carri, indifferente al caos presente, mentre 10.000 persone lottavano di sotto per un posto dove almeno posare i piedi? Non sono una che si diverte quando gli altri soffrono".

Le sue parole furono come rombi di tuono. *Come potrei divertirmi quando gli altri soffrono?* Le parole di Amma, cariche di un messaggio di un valore inestimabile che non dimenticherò mai per il resto della vita, si infransero come onde sulla spiaggia della mia mente.

I mahatma non riescono a pensare alla propria felicità, essi sono la personificazione del sacrificio di sé. Se li osserviamo con attenzione, comprenderemo che le loro vite sono la dimostrazione della dolcezza dell'amore e della gloria dell'abnegazione. Amma ci mostra come compiere i nostri doveri assaporando ogni momento della vita. Quando ogni nostra azione diventa un'espressione di amore, diventa bellissima. Le azioni disinteressate nascono dall'amore.

L'amore divino fluisce senza alcuna ragione; dovremmo eseguire ogni nostra pratica spirituale per risvegliare tale amore. La sacra presenza del Guru infonde la fragranza e la freschezza dell'amore in una vita che rischia di diventare meccanica e rende ogni esperienza della vita uno strumento per raggiungere Dio. Il Guru è una personificazione dell'amore e del sacrificio di sé, è un faro di saggezza. I grandi Guru sono come delle lanterne che indicano la direzione a coloro la cui vita è come una barca alla deriva nell'oceano del samsara. Attraverso il suo affetto materno Amma dona ai propri figli la forza per trionfare su Maya e apre le porte del sentiero che conduce alla Liberazione.

In passato si sarebbero dovuti attendere anni prima che il Guru parlasse direttamente al discepolo, la cui pazienza e capacità di rinuncia sarebbero stati messi alla prova. Sembra che i test nei *gurukula*[24] del passato fossero più ardui degli esami di ammissione agli attuali istituti superiori!

Un giorno un discepolo andò da un Guru che stava meditando profondamente a occhi chiusi. Attese che egli aprisse gli occhi: gli occorsero anni prima che lo sguardo benigno del Maestro si posasse su di lui. Subito dopo, il Guru richiuse gli occhi e li riaprì solo dopo molti anni: il discepolo ne fu molto contento. Dopo qualche minuto, però, il Guru si immerse nuovamente in meditazione. Trascorsero gli anni, il Maestro sollevò lo sguardo e lo volse verso l'adepto che stava meditando sui piedi del Guru:

---

[24] Letteralmente, il clan (kula) del precettore (Guru); scuola tradizionale in cui gli studenti restano con il Guru per l'intera durata dei loro studi (circa 12 anni).

il discepolo sperimentò uno stato di estasi. Il Guru chiuse di nuovo gli occhi e l'allievo attese con pazienza, trascurando cibo e sonno. Dopo molti anni il Guru li riaprì, abbracciò il discepolo e quell'abbraccio lo condusse a realizzare il Sé. Tutte le creature che sono state alla presenza del Guru hanno una storia da narrare, una storia che parla del sacrificio! La pace suprema a cui pervengono queste vite benedette, esempi viventi dell'amore, è un elisir divino che si sperimenta con la liberazione dal samsara.

Dio non è lontano, ma si trova qui, dove il Guru è presente. Non occorre continuare a peregrinare in cerca di un Guru. La vita dell'uomo non è fatta per rimanere in balìa delle onde dell'oceano del samsara. Se apriamo l'occhio dell'amore, vedremo Dio ovunque. L'apatia e la paura scompariranno per sempre. Il Guru è paragonabile a una sostanza capace di trasmutare i vili metalli in oro. L'amore trasforma completamente l'essenza della nostra natura interiore. Quando si produrrà in noi tale cambiamento, vedremo il mondo con occhi nuovi. Quando l'universo visibile manca di amore, si allontana dalla spiritualità; quando l'amore lo pervade, diventa il terreno dove Dio ama giocare.

Circumambulazione della montagna

I devoti che si recano a Tiruvannamalai per la festa dell'accensione della lampada di Kartika compiono anche la circumambulazione della montagna di Arunacala. Per Ramana Maharshi Arunacala non era una semplice montagna, ma era l'Onnipotente stesso. Ramana lo invocava spesso, gridando "Padre!" ed eseguiva la circumambulazione della montagna strisciando. I Mahatma vedono il Signore persino negli oggetti ritenuti da noi inanimati.

Occorre percorrere 12 chilometri per fare il suo giro completo: il giorno precedente ci eravamo arrampicati sul monte e ora eravamo esausti. Nessuno, quindi, aveva tentato di girargli intorno. Quella sera qualcuno arrivò correndo e disse: "Non troviamo più Amma!"

Ci alzammo di scatto e incominciammo a correre. Avendo ricevuto la notizia quando era già molto tardi, noleggiammo un carro trainato da cavalli e cominciammo a cercarla in vari luoghi. Mi ricordai di ciò che era accaduto il giorno prima durante la nostra scalata: sui versanti della montagna vi erano molte grotte, Amma era entrata in una di esse e aveva iniziato a meditare. Era rimasta molto tempo senza aprire gli occhi ed era stato difficile svegliarla dalla meditazione. Anche dopo averli aperti, non aveva voluto uscire con noi e aveva acconsentito solo dopo molta insistenza da parte nostra. Uscendo, aveva esclamato: "Amma non vuole lasciare affatto questo posto, ma sta controllando il forte desiderio di restare pensando ai suoi figli".

Pensammo quindi che fosse entrata in qualche grotta, ma come trovarla fra tutte quelle disseminate su quella grande montagna? Disperati, vagammo qua e là cercandola. Il carro era infine arrivato ad Arunacala: avevamo probabilmente percorso cinque chilometri lungo la strada che circonda il monte e fu proprio allora che la vedemmo camminare poco più avanti. Quando le fummo vicini, scendemmo dal carro e le corremmo incontro.

Procedeva barcollando, con le dita che componevano un mudra; aveva gli occhi semichiusi e un sorriso ammaliante sul suo viso. La dea Parvati che stava circumambulando Paramesvara: ecco cosa vidi! Incominciammo a camminare con lei, seguiti dal carro. Salmodiando mantra vedici, cercammo di riportare tra noi la mente di Amma dalle altezze elevate in cui si trovava. Mentre giravamo intorno alla montagna, cantammo con fervore dei bhajan ad alta voce. La recitazione del *pranava mantra 'Om'*, dei mantra dalle cinque sillabe e dei bhajan fece sorgere un'immensa ondata di devozione che ci inebriò. Dopo aver camminato a lungo Amma si volse, guardandoci compassionevolmente: il suo sguardo aveva il potere di incenerire ogni fardello karmico e *vasana*! Gradatamente scese al nostro livello e cominciò a scherzare e a discorrere un poco; in seguito si sedette sotto un albero ai bordi della strada. Ci radunammo tutti intorno a lei e dopo un breve riposo riprendemmo il cammino. Nonostante le nostre insistenze, Amma si rifiutò di salire sul carro. Camminammo per circa 12 chilometri. Nel punto dove termina il percorso di circumambulazione, Amma notò un incantatore di serpenti che faceva ondeggiare i serpenti al suono della musica. Come una bimba, Amma si fermò ad ammirare la scena con grande curiosità.

"Figli, perché i serpenti sono privi di braccia e gambe?"

Alla sua domanda tutti cominciarono a ridere, ma fu Amma stessa a rispondere: "Quando avevano braccia e gambe devono averne fatto cattivo uso. Figli, ricordate che questo potrebbe essere il destino delle persone che si comportano in tal modo".

L'espressione del suo viso mutò: la maestosità e la dignità del Guru trasparivano visibilmente dal suo volto. "Figli, Amma sa che non c'è nessuno e nulla a voi più caro di Amma. Non potete pensare a nessun altro Dio e, quindi, non occorre che compiate questa circumambulazione. Tuttavia, la società vi prende a modello. I nostri progenitori erano in grado di vedere il Signore nel Guru, ma nell'epoca in cui viviamo non tutti sono in grado di farlo. Pertanto, le pratiche come la circumambulazione sono necessarie per la gente comune. La società le deve apprendere da persone come voi e voi, figli, dovete diventare un esempio eseguendole. Ecco perché, per elevare le persone ordinarie smarrite nella foresta della trasmigrazione, dovete osservare le regole prescritte. Per trasmettervi tale insegnamento, Amma ha dovuto comportarsi in questo modo".

In seguito Amma aggiunse: "Amma rimprovera sempre i suoi figli, non dovete rattristarvi pensando che lei non vi ami. Amma vi riprende perché vi ama moltissimo. Figli, voi siete la ricchezza di Amma. Quando lei ha rinunciato a tutto, ha ricevuto qualcosa a cui non potrebbe rinunciare: i suoi figli! Quando diventerete la luce del mondo, Amma sarà veramente felice. A lei non occorrono le vostre lodi o il vostro servizio. Diventate forti per poter sostenere il peso dei dolori del mondo".

Le dolci parole di Amma ci fecero riflettere. Cademmo ai suoi sacri piedi e pregammo: "Amma, fai di noi delle persone buone, capaci di offrire la propria vita per il bene dell'umanità".

Saggia semplicità

21

La gente solitamente è ansiosa di esibire i propri talenti insignificanti davanti agli altri, mentre i mahatma mascherano la loro sublime grandezza e vivono contenti nel mondo. Occasionalmente qualcosa fuoriesce dai loro vasi traboccanti e noi lo assimiliamo, pieni di meraviglia.

"Perché i mahatma nascondono la loro gloria e si comportano come comuni mortali?" Una volta sentii per caso un devoto porre questo interrogativo ad Amma.

La risposta di Amma fu a sua volta una domanda: "Perché i poliziotti talvolta si camuffano, nel corso delle indagini, arrivando persino ad agire come fossero dei ladri?"

Ho avuto spesso la sensazione che lei sia come uno di quei poliziotti. Amma ha assunto un aspetto umano solo per legarci con il suo amore. Perché mai dovrebbe farlo? Per scioglierci dalle catene di tutti gli altri attaccamenti, renderci eternamente liberi e aiutarci a raggiungere la dimora della pace.

Sebbene impieghi ogni mezzo per celare la sua vera natura, i suoi sforzi non hanno sempre successo, soprattutto con quei figli che la seguono come un'ombra. Ecco perché i residenti dell'ashram hanno molte opportunità di fare personalmente l'esperienza di almeno una piccola parte della sua gloria.

Ricordo un episodio che accadde dopo che divenni un residente dell'ashram. Un mattino, all'alba, uscendo dal kalari dopo aver compiuto l'*archana* e la meditazione vidi Amma seduta nella veranda intenta a scrivere rapidamente qualcosa. Mi avvicinai lentamente e lei coprì frettolosamente con una mano ciò che stava scrivendo. Guardandomi, mi disse: "Figlio, non avvicinarti!" e io obbedii.

Ricordi Indimenticabili

La mia curiosità si era comunque risvegliata: cosa mai avrebbe potuto scrivere? Decisi di aspettare finché non avesse finito. Nel giro di qualche ora, Amma riempì due quaderni da 80 pagine. Mi accostai nuovamente a lei e le chiesi: "Amma, cosa stai scrivendo?"
"Nulla, figliolo".
"Nulla? Ma ti ho vista scrivere con foga riempiendo due quaderni!"
"Non ricordo", disse con un semplice sorriso.
'Gli eventi di milioni di anni trascorsi sorsero dentro di me'. Amma aveva scritto questa strofa in un poema che aveva composto anni prima. Com'era possibile che qualcuno capace di ricordare quanto si era manifestato nel corso di vite intere non rammentasse ciò che era accaduto poco prima? La mia curiosità di scoprire quanto Amma avesse scritto era stata stimolata!

Senza aggiungere altro, Amma prese i quaderni e corse via. La cercai ovunque senza riuscire a trovarla. Sapevo che sarebbe potuta diventare invisibile se lo avesse voluto, ma perché era fuggita con quei quaderni? Cosa sarebbe successo se li avessi letti? Vidi Amma solo più tardi, al crepuscolo, sdraiata sotto gli alberi di cocco, profondamente addormentata. Cercai gli scritti in tutto l'ashram, senza trovarli, e infine abbandonai l'idea.

Trascorsero molti mesi e un giorno, mentre pulivo la sua capanna, i miei occhi furono attratti da un baule di legno. Dai quattro lati uscivano delle formiche; lo aprii, e vidi i quaderni scritti da Amma. Fui così grato a questi insetti per avermeli fatti scoprire! Raccolsi i libretti e quando ne aprii uno e lessi la prima pagina, rimasi sbalordito! In un linguaggio d'incomparabile splendore, Amma aveva spiegato i misteri più reconditi e profondi dell'universo. Da quelle righe traspariva una poesia di straordinaria bellezza. Mentre leggevo la pagina successiva, la vidi in lontananza avvicinarsi alla capanna. Rimisi i quaderni al loro posto.

A quel tempo un devoto di Trivandrum, che veniva abitualmente all'ashram, aveva ricomposto in epigrammi alcune deliziose espressioni di Amma e aveva ottenuto da lei il permesso di pubblicarli. Sarebbe stata la prima pubblicazione dell'ashram. 'Che bello', riflettei, 'se si potesse inserire il contenuto dei quaderni scritti da lei in questa pubblicazione, consentendo alle persone di comprendere chi Amma realmente sia!'.

Entrai rapidamente nella capanna, aprii il baule ed estrassi gli scritti. All'improvviso Amma comparve dal nulla, li strappò dalle mie mani, ma io cercai di riprenderli. Sebbene sapessi che non sarei mai riuscito a vincere una baruffa contro colei che era la personificazione dell'Onnipotente, non avrei voluto rimpiangere in seguito di non avere tentato di riaverli! Dopo avermi sopraffatto facilmente, Amma prese i quaderni dalle mie mani, li sminuzzò e li buttò nelle backwater. Quando Amma me li aveva strappati, alcune pagine erano tuttavia rimaste nelle mie mani. Fuggii portandole con me, consolandomi al pensiero di essere riuscito a recuperare almeno qualcosa! Quelle pagine apparvero poi sotto il titolo di 'Amrita Upanishad' nella prima edizione della prima pubblicazione dell'ashram.

Leggendo ciò che Amma aveva scolpito con le mani esperte della divina maestria, per esempio, di come l'anima entri nel corpo e soffra per il peso del suo karma, ricordando i peccati passati; di come invochi Dio in totale abbandono; di come scenda sulla terra e s'incarni in un corpo oppresso dal giogo del piacere e del dolore; di come vaghi attraverso una vita nella quale il piacere si alterna al dolore, diverrà chiara l'onniscienza di Amma, non occorreranno ulteriori dimostrazioni a riguardo.

Amrita Upanishad

Il corpo è la causa della sofferenza. Tutti i dolori originano dal corpo, che non è altro che un fascio di sofferenze derivanti dai risultati del karma. Tutte le nostre azioni sono egoiste, cioè accompagnate dal senso dell'io. L'ego nasce dall'ignoranza. Il corpo è animato perché la luce dell'Atman lo illumina, come un pezzo di ferro che diventa incandescente a contatto con il fuoco. L'Atman pensa 'io sono il corpo' a causa della sua associazione con Maya. Questa concezione erronea intrappola tutti gli esseri nella rete del samsara e impedisce quindi alla mente di raggiungere il sentiero che conduce alla Liberazione. Il risultato del bilancio tra azioni meritevoli e deplorevoli compiute dall'individuo nella sua vita, determinerà la sua rinascita su un piano superiore o inferiore della creazione. Tutte le azioni, sia quelle virtuose sia quelle viziose, comportano la rinascita in un corpo. Alcuni, desiderosi di vivere in paradiso, eseguono sacrifici e atti caritatevoli ritenuti virtuosi. Se dopo la morte raggiungono il paradiso, possono restarvi e godere della beatitudine celeste finché esauriranno i meriti acquisiti con le loro azioni virtuose. Successivamente, cadranno nella sfera lunare. Qui si uniranno a particelle di ghiaccio e cadranno sulla terra. Diventeranno commestibili come i chicchi di riso che, una volta mangiati dagli uomini, si convertiranno in sangue e successivamente si trasformeranno in liquido seminale maschile. Appena il seme dell'uomo viene emesso nell'utero di una donna, è subito avvolto dalla membrana della placenta e la gestazione ha inizio. Quanto segue è, in sintesi, ciò che accade.

L'embrione si forma in 24 ore ed è prodotto dall'unione del seme maschile con il sangue; dopo cinque notti diventa simile a un grumo e dopo altri cinque giorni prende la forma di un minuscolo lembo di carne. Nei successivi quindici giorni viene completamente rivestito da goccioline di sangue. Occorreranno altri venticinque giorni prima che inizino a spuntare gli arti. Nel terzo mese di gestazione si formeranno le articolazioni e nel quarto compariranno le dita. Le gengive, le unghie, l'apparato genitale e organi quali il naso, gli occhi e le orecchie nasceranno invece nel quinto mese, mentre nel sesto si formerà l'orecchio interno; i genitali, l'ombelico, le braccia e la bocca appariranno nel settimo mese, nell'ottavo cominceranno a crescere i capelli e altre parti del corpo. Il feto comincerà a muovere le mani e le gambe al nono mese.

La forza vitale sarà manifesta nel feto a partire dal quinto mese. Tramite il cordone ombelicale che si trova vicino al collo dell'utero, l'essenza del cibo con cui si nutre la madre passa nei capillari del feto che riceve in tal modo le sostanze necessarie alla sua crescita. Quando lo sviluppo fisico è ultimato e dopo che la forza vitale lo anima completamente, il bambino ricorda le sue vite passate e pensa: "O Dio! In quanti uteri diversi sono nato! Quante azioni cattive ho compiuto e quanta ricchezza indebita ho accumulato! Nel corso di quelle esistenze non Ti ho mai ricordato o cantato i Tuoi sacri nomi! O Dio, il risultato è la sofferenza presente. Quando avrà fine questo mio inferno? Se rinascerò, non compirò più alcun male, cercherò di eseguire solo azioni virtuose".

Al termine di dieci mesi lunari, con questi pensieri elevati e pregando il Signore, il bambino nasce, spinto dalle contrazioni uterine attraverso il canale vaginale. Nonostante l'amore e le cure prodigate dai genitori, le sofferenze dell'infanzia sono terribili e tale dolore è presente, in modi diversi, anche in gioventù e in vecchiaia. Perché dilungarsi oltre? Il corpo è solo un ricettacolo di mali. È l'identificazione con il corpo che porta le persone a sperimentare il piacere e il dolore. È una verità nota che le sofferenze della nascita e della morte siano causate dal corpo. L'Atman è eterno ed è separato dal corpo grossolano e da quello sottile. Comprendendo questa verità e abbandonando l'amore per il corpo, vivi come Colui che conosce l'Atman. Ogni forma d'ignoranza avrà fine quando saprai, avendolo sperimentato direttamente, che l'Atman, sempre puro, pacifico, imperituro e cosciente, equanime, al di sopra di tutti gli attributi, l'unico e solo Sé dell'intero Universo, il Brahman supremo, è separato dal mondo fenomenico di Maya. Ricordando sempre questa verità, vivi sulla terra sino al completo esaurimento del tuo prarabdha karma.

Espressioni divine

22

Vivendo con Amma, abbiamo innumerevoli opportunità di osservare l'innocenza che traspare dai suoi atti e dai suoi stati d'animo. Qualche anno fa un devoto portò un pacchetto di caramelle. Amma ci chiamò e disse: "Figli, venite, ci sono delle buone caramelle". Divise le caramelle e le distribuì tra di noi e poi, con cura, conservò tutte le carte. Quando le chiedemmo il perché lei rispose: "Non le darò a nessuno, sono così belle, le voglio tutte!" Qualche tempo dopo trovammo le carte delle caramelle disseminate disordinatamente ovunque. In effetti Amma non tiene mai nulla per sé. La vista delle carte sparpagliate ci trasmise il messaggio che tutto era per i suoi figli.

Talvolta i devoti che vivevano lontani invitavano Amma a fare loro visita. Se, lungo la strada, capitava di passare vicino a un fiume, ci fermavamo per una nuotata. In quelle occasioni Amma si tuffava nell'acqua, rifiutandosi poi di uscirne. Quando tutti i nostri tentativi di convincerla fallivano, andavamo a sederci nell'auto, sconfitti. Solo allora Amma, con molta riluttanza, abbandonava il fiume.

Una volta stavamo viaggiando in treno verso un luogo sacro nel Tamil Nadu. Mentre il treno attraversava un villaggio, improvvisamente Amma disse: "Voglio scendere immediatamente!"

La stazione successiva era molto lontana, ma Amma continuava a insistere e cominciò a discutere con noi. Con nostro grande stupore il treno improvvisamente si fermò. Fu come se la vettura avesse captato un impercettibile segnale di fermata. Scendendo precipitosamente dal treno, Amma si mise a camminare verso un luogo non molto lontano e si sdraiò per terra. Eravamo molto inquieti perché la locomotiva sarebbe ripartita da un momento all'altro. La supplicammo calorosamente di risalire, ma la sua unica risposta fu: "Non disturbatemi! Lasciatemi sola, non mi alzerò da qui!"

Alla fine, non vedendo altra soluzione, due devoti la riportarono sul treno.

In quei giorni l'aspetto fisico di Amma era simile a quello di una bimba. Pieni di meraviglia, spesso le persone chiedono: "Perché la natura dei mahatma, così innocente, è talmente diversa dalla nostra?" È forse per qualcosa che non abbiamo? No, non dipende da nessuna nostra carenza, ma piuttosto dal fatto che siamo già sovraccarichi, vale a dire abbiamo l'ego, il "senso dell'io e del mio", le attrazioni e le avversioni che accompagnano la nostra personalità. È questa limitata concezione dell'io che genera la sensazione che ci manchi qualcosa e proprio da questo senso di mancanza o incompletezza nascono i desideri. Il velo dell'ego che copre la nostra mente ci fa dimenticare che siamo degli esseri interi e completi.

Cosa fa un Guru o un mahatma? Il Guru rimuove in noi ciò che è estraneo alla nostra natura. Ricordo la storia di un uomo che possedeva un negozio di oggetti d'epoca e statue. Un giorno un amico gli fece visita. Nel negozio erano in bella mostra incantevoli statue di varie forme e colori e per terra, davanti all'entrata del negozio, vi era un blocco di pietra grezza. L'amico notò che le sculture esposte erano molto costose e, indicando il blocco per terra, chiese al proprietario quale fosse il suo prezzo. "Oh, quello?", esclamò l'uomo con aria di totale disinteresse, "Sarei proprio felice se lo portassi via, così almeno non lo vedrei più!" e con queste parole gli consegnò subito la pietra.

Dopo un paio di giorni l'antiquario si recò a casa dall'amico e rimase sbigottito vedendo nella stanza della puja una splendida statua di Devi. "Dove hai trovato quella statua stupenda?" chiese ansiosamente.

L'amico rispose: "È stata ricavata dalla pietra che stava per terra davanti al tuo negozio e che ho preso un paio di giorni fa. Ti stai sicuramente chiedendo come quella massa informe possa essere diventata questa immagine meravigliosa di Dio, non è vero? Innanzitutto ho lavato la pietra eliminando tutto lo sporco, poi ho rimosso con lo scalpello tutte le parti in eccesso e infine l'ho lucidata. Ecco com'è nata questa statua stupenda".

Ed è quanto, in effetti, compie il Guru: attraverso la disciplina egli rimuove le vasana inutili dal nostro carattere, fa emergere la nostra natura divina nascosta e ci consente così di giungere alla completezza.

Tuttavia, anche se il Guru è vicino a noi potremmo non ottenere i risultati che ci aspettiamo. Il Guru è come un magnete, una calamita divina. Esistono tre tipi di persone. Pochissimi appartengono al primo tipo: essi sono come l'acciaio, che si carica stando vicino al magnete e conserva la sua forza anche quando il magnete viene rimosso. Questi sono i discepoli di primo livello, più tardi essi stessi diventeranno dei Guru.

Il secondo tipo di persone è simile al ferro grezzo che viene attratto dal magnete, ma perde il suo potere magnetico quando ne viene separato. La maggior parte di noi sente una fortissima attrazione verso un mahatma, ma nel momento in cui ci allontaniamo da lui, torniamo a ricercare piaceri materiali e altri interessi egoistici, spinti dalla forza delle nostre vasana e dei desideri.

La maggior parte delle persone appartiene alla terza categoria. Esse sono paragonabili a dei pezzi di legno che anche se posti accanto a un magnete, vale a dire un mahatma, non cambiano. Tali individui non solo non sono attratti dai mahatma, ma non si accorgeranno neppure della loro grandezza. Possiamo in qualche modo consolarci pensando che, per grazia di Amma, noi non apparteniamo a questo gruppo.

Come si magnetizza l'acciaio accanto a una calamita? L'immediata vicinanza al magnete allinea gli atomi presenti nella barra di acciaio nella stessa direzione di quelli del magnete. Se vogliamo beneficiare in qualche modo della prossimità al Guru, dobbiamo riallineare il nostro corpo, la nostra mente e il nostro intelletto agli obiettivi e ai consigli che ci indica. Dobbiamo scrostare la massa di ego che blocca la nostra visione della Verità e abbandonarci alla volontà del Guru.

Lo scopo della vita umana attuale e dei cambiamenti prodotti dalle vite precedenti è quello di sradicare il nostro ego. Il Guru o Dio vuole che ci avviciniamo a Lui senza egoismo e orgoglio, con l'innocenza di un bambino appena nato.

Ricordo un evento accaduto molti anni fa, durante un Krishna Bhava darshan. Amma stava risvegliando la sua essenza divina interiore cantando inni di lode al Signore Krishna. La zona di fronte al kalari era gremita di fedeli che, ebbri di devozione, ridevano e danzavano.

Il bhava darshan ebbe inizio: io mi trovavo nel kalari, vicino a lei, e osservavo ogni cosa. Era un'opportunità perfetta per vedere da vicino i suoi atteggiamenti scherzosi e ascoltare le sue battute divertenti. Amma era alzata e teneva un piede appoggiato a un piedistallo (era solita dare il Krishna Bhava darshan stando in piedi). La sua era un'immagine d'indescrivibile bellezza; il suo viso era rischiarato da un sorriso incantevole che brillava e irradiava tutt'intorno. I devoti adornavano Amma con abiti luccicanti, le ponevano sul capo una corona e le offrivano ghirlande di fiori. Alcuni abbassavano il capo, nel timore che lo sguardo penetrante e birichino di Amma potesse raggiungere gli intimi recessi dei loro cuori. Quando il cuore di qualcuno dei presenti s'innalzava e perveniva a uno stato supremo di beatitudine, le lacrime che spuntavano dai suoi occhi recavano un significato nuovo.

Si erano formate due file di devoti per il darshan e tutti notarono due giovani uomini intrufolarsi nel kalari senza rispettare la fila. A qualcuno non piacque che entrassero direttamente nel tempio mentre c'erano così tante persone in coda. L'espressione di Amma tuttavia non cambiò. I due uomini arrivarono di fronte a lei e uno di loro cominciò a parlare.

"Amma, questo mio amico è muto dalla nascita e i suoi familiari soffrono infinitamente per questo suo handicap. Cosa possiamo fare perché acquisti la parola?"

Amma mi guardò e sorrise dolcemente. Io non compresi il significato di quel sorriso. Senza dire una parola, Amma li accarezzò entrambi e fece loro cenno di prendere posto accanto a lei: si sedettero in un angolo del kalari. Amma in effetti chiede ad alcuni devoti di sedersi e meditare per un po'. Lo fece anche con me molto tempo fa. Quel giorno, quando mi recai da lei per metterla alla prova, Amma prese un mazzo di piccoli crisantemi dal cesto e, mettendomeli in mano, mi disse di contarne 41. Cominciai a farlo con cura e quando terminai scoprii che Amma me ne aveva dati esattamente 41. Con i fiori in mano guardai Amma che, ridendo, domandò: "Hai finito di contare?"

Risposi: "Mi hai dato 41 fiori!" Senza aggiungere altro, Amma si mise nuovamente a ridere.

In seguito, durante i Krishna Bhava darshan, vedevo che in molte occasioni dava dei fiori a qualche devoto chiedendogli di contarli e tutte le volte rimanevo stupito: erano sempre 41!

Un giorno le chiesi: "Amma, tu sai che i fiori sono proprio 41, perché inviti le persone a contarli?"

"Figlio, se non dessi loro qualche compito, sarebbero distratti da altri pensieri. Chiedo loro di farlo in modo che non pensino ad altro almeno per il tempo che si fermano qui. Non è forse vero che la mente comincia a vagare quando è inoperosa? Lasciamo che la mente si soffermi sui fiori. Possa il cuore divenire soave come un fiore e il fiore del cuore possa sbocciare e diffondere la sua fragranza!"

Compresi che ogni atto di Amma racchiude migliaia di significati, ogni sua azione ci può insegnare così tanto! Compresi che ciò che il Guru trasmette è ciò che non può essere insegnato.

Dopo esser rimasti seduti per qualche tempo, le gambe dei due giovani dovettero cominciare a dolere, perché li vidi alzarsi lentamente e allontanarsi. Quando uscirono dal kalari, Amma disse: "Figlio, i due giovani che sono appena andati via erano venuti per mettermi alla prova. Quell'uomo non era muto, fingeva di esserlo!"

"Amma, avresti dovuto dirglielo, altrimenti penseranno che non sia in grado di accorgertene!" esclamai.

"Figlio, cosa cambia per noi se lo pensano? Lasciamoli fare. Dopotutto, non si sono presi la briga di venire fin qui? Lasciamo che si rallegrino pensando di aver vinto. Perché togliere la gioia agli altri?", rispose sorridendo al mio sfogo.

"Ma questo non aumenterà il loro egoismo?"

Alla mia domanda, vidi la sua espressione cambiare. "Figlio, se diventeranno egoisti la natura solleverà le braccia e li schiaccerà".

Non cercai di replicare, quelle erano parole di onniscienza.

Due giorni dopo Amma ricevette una cartolina indirizzata a lei che riportava le seguenti parole: "Piccola, ti ricorderai di noi, io sono colui che qualche giorno fa ti ha portato la persona muta. In realtà, non lo è. Piccola, volevamo appurare se saresti stata capace di scoprirlo. Noi crediamo nella supremazia della ragione e la tua incapacità di vedere dentro di noi prova che non possiedi alcun potere speciale. Mia cara ragazza, sarebbe meglio che tu smettessi di fare tutto questo e facessi altro!"

Corsi da Amma con quello scritto denigratorio in mano. Glielo porsi e dissi: "Amma, leggilo, ti prego!"

Amma lesse la cartolina e si mise a ridere fragorosamente. La interrogai: "Cosa ne pensi ora? Non ti avevo detto che ti avrebbero derisa? Amma, avresti dovuto dire loro qualcosa allora! Adesso penseranno di aver avuto la meglio!"

Udendo le mie parole, Amma riprese a ridere e rispose: "Figlio, non prendertela, ritorneranno".

Trascorsero alcuni giorni e un folto gruppo di persone giunse all'ashram: fra di essi si trovavano anche quei due giovani. Chiesi subito loro se erano ricomparsi per mettere Amma nuovamente alla prova.

"Niente affatto! Abbiamo bisogno di vedere con urgenza Amma per chiederle perdono, ecco perché siamo tornati".

Sentendo l'amico del 'muto' parlare in tal modo, domandai: "Cos'è successo? Che cosa vi ha fatto cambiare opinione?"

"Voglio togliermi un peso dalla coscienza, confesserò tutto ad Amma" rispose.

Sentendo una leggera esitazione nelle sue parole, lo guardai attentamente e dall'espressione del suo volto capii che c'era qualcosa che lo preoccupava molto. Quando Amma seppe del loro arrivo, li fece chiamare immediatamente. Entrarono tutti nella capanna, si sedettero e cominciarono a raccontarle le loro difficoltà. L'uomo che era venuto precedentemente, parlò.

"Siamo studenti del M.S.M. College di Kayamkulam. Siamo venuti qui qualche giorno fa e durante il darshan di Amma uno di noi ha finto di essere muto. Sappiamo di aver commesso un errore, ma oramai l'abbiamo fatto. Ora il mio amico è diventato veramente muto e io ne sono molto addolorato. L'ho portato da molti medici e tutti hanno detto che non ha alcun problema fisico. Avendo informato i suoi familiari, anch'essi l'hanno condotto da varie persone, senza ottenere alcun risultato. Infine, un esperto in calcoli astrologici ha detto: "Questo giovane ha mancato di rispetto a qualcuno in un luogo sacro. Solo ritornando lì ed espiando il suo peccato potrà ritrovare l'uso della parola'. Ecco perché siamo ritornati con i nostri familiari. Amma, devi aiutarlo!"

Amma abbracciò la persona che era diventata muta, pose il suo capo in grembo e la consolò. In seguito premette un dito sulla lingua dell'uomo e chiuse gli occhi per un po'. Poi gli fece bere dell'acqua consacrata e lo incoraggiò a ripetere le parole 'Amma' e 'Acchan'. Egli balbettò, sforzandosi faticosamente di pronunciare quelle parole. Dopo qualche minuto fu nuovamente in grado di parlare. Gridò: "Amma!" e scoppiò a piangere. Tutti i presenti avevano gli occhi pieni di lacrime!

I familiari unanimi la pregarono di perdonare i loro figli per l'errore commesso e lei rispose: "Amma non ha mai voluto che questi ragazzi fossero vittima di qualche disgrazia, tuttavia Dio osserva ogni nostra azione; non dimentichiamo che la natura è provvista di migliaia di occhi e orecchie! Facciamo quindi attenzione prima di dire o fare qualsiasi cosa. Non parlate inutilmente; non sprecate il vostro tempo. La vita è estremamente preziosa, ogni momento ha un valore inestimabile. Sappiate che questo corpo benedetto, fornitoci da Dio, è uno strumento per compiere buone azioni. Le nostre parole dovrebbero consolare gli altri, ecco perché Dio ci ha dato una lingua; non usatela per ridicolizzare o ferire i sentimenti altrui. Ogni nostra azione dovrebbe essere nobile. Attraverso i nostri buoni pensieri e azioni dovremmo trasformare questa preziosa vita umana in un'adorazione di Dio".

Le parole d'ambrosia pronunciate da Amma produssero in loro una trasformazione sorprendente. Tutti continuarono in seguito a tornare da lei. Avendo percepito che nuovi orizzonti si erano aperti nella loro vita, si abbandonarono ai sacri piedi di Amma, fermamente decisi a dedicare la loro vita al bene della società.

Nella metropoli di Mumbai

23

Mentre svolgevo la mia sadhana alla presenza divina di Amma, dovetti lasciare di nuovo l'ashram: mio padre mi aveva procurato un buon impiego a Mumbai (Bombay). Anche Amma insistette affinché mi allontanassi e lavorassi per un certo periodo. Quando si è rimasti per un po' di tempo fisicamente vicini a lei, com'è possibile distaccarsi e allontanarsene? Non potevo far altro che dirle che non me ne sarei andato. Amma, tuttavia, era dell'idea che, avendo ottenuto da mio padre e da mia madre il permesso di seguire il cammino spirituale, dovevo lavorare per amor loro. Piegandomi a questa logica, acconsentii ad andare a Mumbai. Sottolineai, tuttavia, come desiderassi avvertire la vicinanza di Amma così come la sentivo in quel momento; le dissi apertamente che altrimenti sarei ritornato, come avevo fatto in precedenza da Bangalore. Amma mi rassicurò che sarebbe stata sempre con me.

Arrivai a Mumbai, la grande metropoli, e pensando a come lei avesse deciso di sacrificare di nuovo la mia vita sull'altare del materialismo, mi misi a piangere. Ebbi la fortuna di trovare alloggio presso la Sandipani Sadhanalaya, un'organizzazione spirituale, e da lì mi recavo al lavoro. Il luogo di lavoro era distante: l'autobus impiegava un'ora e mezza circa, il treno mezz'ora. Scelsi l'autobus; i treni erano affollati e spesso si doveva essere agili come acrobati per salirvi. Per una persona proveniente da una regione come il Kerala, sarebbe stata una vera impresa! Gli autobus, invece, non erano gremiti, avrei avuto molto tempo per recitare il mantra e poiché c'erano molti semafori, sarebbe occorso parecchio tempo per giungere a destinazione. Ecco perché le persone preferivano solitamente spostarsi in treno.

Il primo viaggio in autobus fu incredibile: salito a bordo, vidi che la maggior parte dei posti a sedere erano vuoti e con la *mala* (rosario) in mano, sedetti in uno di questi. Mi sentivo rincuorato perché avrei potuto dedicarmi totalmente alla recitazione del mantra. Visualizzando Amma, iniziai a pregare.

Alla fermata successiva salì una giovane donna che prese posto accanto a me. Non gradii che mi sedesse vicino, quando c'erano così tanti altri posti liberi. E non solo, si accomodò appoggiandosi a me, come se volesse disturbare il mio japa. Incominciai a chiedermi perché si fosse seduta lì, infastidendomi. La maggior parte dei posti era libera. Perché si era messa proprio al mio fianco quando avrebbe potuto sedersi altrove? Mentre riflettevo sull'accaduto, lei mi guardò e sorrise. Non le restituii il sorriso e cominciai a guardare fuori dal finestrino stringendomi in un angolo. Lei si accostò ancora di più! La guardai quasi con odio, mi alzai e sedetti in un posto libero nella parte anteriore dell'autobus.

Dopo un po' la donna si spostò e si sedette di fronte a me. Precedentemente, potevo vederla solo dopo aver girato la testa, ma ora mi era proprio davanti! Anche se avessi guardato altrove, non sarebbe comunque sfuggita alla mia vista. Senza dubbio questa era l'intenzione con la quale aveva scelto quel posto. Per evitare di vederla dovetti abbassare lo sguardo a terra. Ma per quanto sarei potuto rimanere seduto in quel modo? Dopo qualche tempo mi alzai, mi diressi verso la parte posteriore dell'autobus e occupai uno dei sedili liberi. Fortunatamente la donna non si spostò, ma mi sembrò che di tanto in tanto mi guardasse. Per evitare il suo sguardo, chiusi gli occhi.

Poiché avevo trascorso il giorno prima in viaggio, ero molto stanco e mi addormentai quasi subito. Sognai che Amma era venuta a sedersi vicino a me e mi abbracciava con grande amore e affetto. Io appoggiavo la testa sulle sue spalle, piangendo a lungo. Amma mi accarezzava e cercava di consolarmi, continuando a ripetere che era con me. Quando il semaforo diventò rosso, l'autobus frenò bruscamente; tutti i passeggeri sobbalzarono. Quando aprii gli occhi rimasi scioccato: la mia testa era appoggiata sulla spalla di qualcuno! Appena mi accorsi che era quella della donna sedutasi precedentemente accanto a me, sussultai! Anche in quel momento mi stava sorridendo. Vedendo quel sorriso, impallidii e non sapendo cosa fare rimasi impietrito, come fossi una statua. I pendolari nell'autobus mi stavano fissando e nessuno di loro stava guardando la donna, non sembravano nemmeno averla notata. Alla fermata successiva scesi con un balzo e presi un taxi per andare al lavoro.

Il giorno seguente scrissi una lettera ad Amma.

"Amma, la città di Mumbai non è assolutamente adatta per i *sadhak*, qui le donne non sono affatto rette. Amma, è questo ciò che intendevi quando mi dicesti che saresti stata sempre con me? Le mie pratiche spirituali vengono ostacolate. Non sento affatto la tua presenza. Se sarà così, non posso far altro che ritornare presto".

Dopo qualche giorno, ricevetti una risposta da Amma.

"Mio caro figlio, Amma è venuta a trovarti, ma non le hai affatto prestato attenzione. Non hai nemmeno risposto al suo sorriso. Amma ha cercato di parlarti, ma non le hai dato nessuna opportunità di farlo. Quando si è avvicinata, ti sei alzato e allontanato. Figlio, non rimanere addolorato per questo, Amma ritornerà da te".

Ero sconcertato! Rammentai quanto era accaduto sull'autobus. Avevo supplicato personalmente Amma di starmi vicina e non avevo compreso che lei era venuta da me; l'avevo ignorata, comportandomi in modo piuttosto sprezzante. Accorgendomi della mia follia, scoppiai a piangere.

L'indomani sedetti prestando grande attenzione per tutto il viaggio. Scrutai tutti coloro che salivano a ogni fermata, ma nessuno si sedette vicino a me. Come le *gopi* attendevano che il Signore Krishna rubasse il loro yogurt, sedetti aspettando Amma, tenendole un posto libero vicino a me. Non venne nessuno quel giorno. Dimenticai di recitare il mio mantra e mi dedicai completamente all'osservazione delle donne che salivano sull'autobus.

Il giorno seguente una donna dalla pelle scura si mise di fianco a me. Non ebbi alcun dubbio che si trattasse di Amma! Fissai intensamente il suo viso, ma lei mi ignorò. Cercai di sorriderle e sebbene se ne fosse accorta, non contraccambiò.

"O Amma, come reciti bene! Non pensare d'ingannarmi!" Continuai a intrattenere questi pensieri nella mia mente. La guardai di nuovo e sorrisi. Non ricevendo risposta, le chiesi: "Lei è malayali?"

"Sì", mi rispose.

Facendomi coraggio chiesi: "Lei è Amma?"

Vedendo l'espressione del suo volto, capii che aveva frainteso la domanda. Pensando che le avessi chiesto se fosse sposata e avesse figli, mi rispose: "Non sono sposata".

"Da quale parte del Kerala proviene?", indagai discretamente.

"Palakkad", rispose.

Mi presentai e spiegai il motivo delle mie domande. "Il mio Guru si presenta sotto varie forme e combina degli scherzi per mettermi alla prova. Non so proprio quando e dove apparirà. Desideravo sapere se lei fosse il mio Guru sotto mentite spoglie: ecco perché ho posto quelle domande. La prego di scusarmi se l'ho disturbata".

Udendo queste parole, quella donna dal contegno severo non riuscì a trattenersi dal ridere.

L'indomani scrissi nuovamente ad Amma, spiegandole dettagliatamente quanto mi era accaduto durante i viaggi in autobus.

"Ho rinunciato alla vita secolare e ho preso rifugio ai tuoi sacri piedi. Ciò nonostante, Amma, tu che sei la personificazione della compassione, mi hai spinto nel bel mezzo del mondo. Ho cercato di allontanarmi completamente dalle donne, ma ora le sto inseguendo. I miei occhi le scrutano per vedere se sono Amma!"

La lettera di Amma giunse un paio di giorni dopo.
"Figlio, tu non sei distante da me, non potresti allontanarti da me nemmeno volendolo. Figlio, pensi che ti abbia mandato a Mumbai per lavorare in un ufficio e guadagnare del denaro? Assolutamente no! L'ho fatto per cambiare la tua visione delle cose. Figlio, Amma sa che la ami e anche lei ti ama affettuosamente; tuttavia, Amma non è confinata in questo corpo. Proprio ora la stai cercando ovunque. Ciò che cerchi nelle donne è solo Amma. Tutte le donne sono diventate Amma per te e quindi ogni cosa che fai è diventata sadhana. Le tue azioni non possono essere assolutamente considerate mondane. Figlio, non avrai più un'opportunità come questa per imparare a vedere tutte le donne come madri. Questa separazione nasconde in realtà una benedizione. Figlio, presto Amma ti richiamerà a lei. Non essere triste".

Con gli occhi colmi di lacrime, lessi e rilessi la lettera di Amma. Ci sono forse limiti all'amore di Jaganmata, la Madre del mondo? Mi domandai persino se meritassi una così grande fortuna.

Da quel momento le mie giornate a Mumbai mi regalarono esperienze completamente diverse che mi spronarono alla vita spirituale. Incominciai a sentire l'amore di Amma fluire nell'ufficio, dove alloggiavo e persino nelle strade. Dove non è Dio? Tutti mi colmavano di amore.

Ricordi Indimenticabili

Furono molti i giorni in cui piansi vedendo tramontare il sole. Composi la poesia *'Azhikullil dinakaran marannu'* ('Il sole è scomparso nel mare') mentre sedevo sulla riva del mare. La composi di getto il giorno in cui arrivai a Mumbai. Vedendo il tramonto del sole, immaginai che esprimesse la brama del jivatma che desidera dissolversi nel Paramatma, e questo anelito assunse la forma di una poesia.

azhikkullil dinakaran marannu
anayunna pakalil tengaluyarnnu
vishvashilppiyude vikritikallalle
vishadamentinu nalinangale
vishadamentinu nalinangale

Il sole è scomparso nel mare.
Il giorno morente ha dato voce al suo lamento.
Non è forse il gioco dell'architetto universale?
O fiori di loto, perché tale sgomento?
O fiori di loto, perché tale sgomento?

akhilandarajante vinodarangam
i lokam shoka purnam
kalimarappavayay nanum karayuvan
kannunirillatta shilayay

Questo è il regno del sovrano supremo.
Questo mondo è colmo di dolore.
Come un burattino
ho anch'io esaurito tutte le mie lacrime, come una statua.

verpadin vedana ullilotukki
tinalamay eriyunnu enmanam
tinalamay eriyunnu
tiradukha kadalin naluvil
tìram kanatalayunnu

Celando in me il dolore della separazione,
la mia mente è arsa dalle fiamme
è arsa dalle fiamme.
Mi dibatto nel mare della sofferenza infinita,
incapace di scorgere la riva.

Tuttavia, Amma, sole della conoscenza, sorge ovunque, disperdendo le ombre scure del dolore. Il sole non tramonta mai, la notte è irreale. Per colui che si sposta attraverso lo spazio, non esistono né alba né tramonto. Perché questo possa essere sperimentato, occorre arrivare allo zenit, all'apice della spiritualità! Amma sparge l'elisir della beatitudine divina che trascende la gioia e il dolore e rimuove l'oscurità in noi.

Attraverso varie esperienze, Amma mi stava insegnando come in verità la spiritualità e il materialismo non sono distinti; tutto è divino! Dovremmo cercare d'immaginare ogni oggetto come Dio stesso. Queste forti convinzioni possono portarci alla Verità. Ogni cosa può infonderci la divina energia, ma per poterla ricevere è necessario che siamo puri interiormente. Il nostro cuore va purificato attraverso pensieri nobili, buone azioni, preghiera, japa, meditazione e altre pratiche spirituali. Possiamo esperire e realizzare Dio che risplende in ogni oggetto.

In questo mondo, ogni persona vive esperienze differenti. Poiché le forme mentis degli individui sono dissimili, ognuno vede il mondo in modo diverso. Solo i *mahajnani* vedono il mondo com'è realmente. Quando la mente diventa pura, è facile acquisire la giusta visione delle cose.

* * *

Nei giorni seguenti compresi come la presenza divina di Amma fosse dappertutto. Ovunque andassi, ogni qualvolta avessi bisogno di aiuto qualcuno correva ad aiutarmi. Avevo evitato di viaggiare in treno perché sovraffollato. Sarebbe stato difficile fare japa in quel trambusto. Tuttavia molte persone erano costrette a sopportare i disagi dei viaggi in treno e non mi sembrava corretto pensare solo al mio comfort; decisi così di abituarmi a usarlo.

I primi giorni furono veramente ardui, ma a poco a poco mi adattai alle difficoltà. Mi abituai a recitare il mantra anche quando venivo spinto da tutte le parti dai pendolari. Mi ricordai del consiglio di Amma che non occorre serbare del tempo speciale per ricordare Dio. Se si riesce a compiere pratiche spirituali persino in situazioni avverse, i benefici che si otterranno saranno maggiori. Ogni lettera che Amma m'inviava profumava della dolce fragranza dell'amore e dell'affetto. La soddisfazione che nasce dal sacrificio non può essere conseguita attraverso piaceri sensuali.

Un giorno, quando salii sul treno, fui attratto dalle note di alcuni bhajan provenienti dallo scompartimento accanto. Il mio cuore assetato desiderava intensamente udire canti devozionali e le vibrazioni di quegli inni erano una vera e propria pioggia di nettare. Ciò che vidi mi rallegrò: molte persone erano sedute sul pavimento e cantavano bhajan. Davanti a loro c'era un'immagine di Durga, adorna di ghirlande di fiori. Alcuni cantavano in totale abbandono, dimentichi di tutto, altri danzavano al ritmo dei canti. Queste persone avevano trovato il tempo per ricordare Dio persino tra la folla. Erano tutti impiegati. Quel giorno non mi accorsi del trascorrere del tempo. Da allora in poi, salii dove venivano cantati i bhajan. Per differenziare lo scompartimento dagli altri, questi devoti annodavano ghirlande all'esterno dei finestrini. Vedendole, accorrevo e salivo in quel vagone.

Un giorno i canti terminarono quando il treno si fermò all'ultima stazione, quella dove la maggior parte delle persone scendeva. Durante la discesa, fui avvicinato dal leader del gruppo. Si presentò come Shantaram e si mise a parlare mentre c'incamminavamo.

"Già da qualche giorno era mia intenzione parlarti, ma solo ora ne ho avuto l'opportunità. Mi sentivo attratto da te, ti ho osservato e ho visto i tuoi occhi colmi di lacrime durante i bhajan. Piangere mentre si ricorda Dio è una grande benedizione. Mi piacerebbe fare la tua conoscenza".

Sorrisi semplicemente e non dissi nulla. La sensazione di estasi che avevo provato ascoltando i bhajan non si era ancora dissolta. Stavo cercando di soffocare le onde di beatitudine che sorgevano in me. Dopo parecchie sollecitazioni, mi presentai. Riferendomi alla beatitudine che si prova mentre si piange per Dio, dissi: "Quando penso all'amore di Jagadishvari, non riesco a trattenere le lacrime".

Non so se l'uomo comprese cosa intendessi. Espresse il desiderio di conoscermi meglio e così camminammo insieme per un lungo tratto. Non avevo nulla, se non Amma, di cui parlare. "La domenica non lavori, vero? Ti piacerebbe venire a casa mia?"

Non potendo rifiutare l'affettuoso invito di Shantaram, gli dissi che sarei andato e annotai l'indirizzo dell'appartamento in cui abitava.

La domenica uscii per recarmi a casa di Shantaram. Non fu difficile individuare il suo appartamento nel sobborgo di Andheri. Immaginai che fosse la volontà di Amma a portarmi là. Quando vi giunsi rimasi sorpreso: si componeva di soli due locali e uno di essi era stato adibito a stanza per la puja. Fui meravigliato di vedere una foto di Amma in meditazione tra le immagini di varie divinità.

"Dove ha trovato quella foto?" gli chiesi.

"C'è una storia dietro quella foto". Notai il viso di Shantaram cambiare espressione. Ci sedemmo nella stanza della puja e continuammo a parlare.

Sebbene avesse un impiego abbastanza buono in un'azienda, Shantaram era conosciuto come cantante. La sua maggiore fonte di reddito era costituita dalle attività musicali. Anche durante il lavoro prendeva giorni di ferie per potersi esibire. L'obiettivo della sua vita era stato guadagnare denaro, ma per quanto ne guadagnasse, non gli bastava mai. Quando ne aveva a disposizione, si ritrovava con gli amici e sperperava tutto il ricavato bevendo assieme a loro. La dura sentenza di Dio su questo uomo accecato dall'ego non si fece attendere molto. Come realizzò poi Shantaram, essa non fu una punizione, ma una grazia che lo salvò.

Dopo qualche tempo, Shantaram non riuscì più a cantare: una tosse forte e persistente glielo impediva. Quando gli fu difficile persino parlare, consultò un medico. Si recò in vari ospedali, ma nessuno seppe diagnosticare il suo disturbo. Molti dei farmaci assunti riuscirono solo a peggiorare il suo stato di salute. Un *sannyasi* gli disse che la sua malattia era dovuta ad azioni cattive che aveva compiuto e che avrebbe dovuto espiarle recandosi in pellegrinaggio e facendo offerte ai poveri. Seguendo tale consiglio, Shantaram visitò molti templi e luoghi sacri e compì anche buone azioni come, per esempio, nutrire i poveri.

Un giorno giunse nel tempio dedicato a Minakshi, che si trova a Madurai, nel Tamil Nadu. Entrò da un fiorista per comperare una ghirlanda da offrire al tempio e nel negozio, situato proprio di fronte al tempio, vide una ragazza che intrecciava con rapidità una ghirlanda con accanto la foto di una donna in meditazione. Una collana di fiori adornava la foto. Shantaram chiese alla ragazza chi fosse la donna e lei rispose che si trattava proprio della dea Minakshi di Madurai. Anche dopo essere ritornato a casa, continuò a pensare a quell'immagine. Quando si coricò, non riuscì a prendere sonno e si mise a camminare su e giù per la stanza. Infine si addormentò quando albeggiava. Shantaram ebbe la sensazione che la donna vista nella foto lo stesse abbracciando e gli accarezzasse amorevolmente la gola. Si alzò con un sobbalzo; nella stanza aleggiava un profumo particolare. Miracolo dei miracoli! La sua voce era tornata normale e la tosse che lo aveva afflitto per anni era completamente scomparsa!

Sedendo davanti all'altare, provò a cantare a lungo: ogni disturbo era scomparso. Corse rapidamente dal fiorista e vide la ragazza accendere una lampada davanti alla foto. Le chiese come avesse avuto l'immagine e la ragazza rispose che gliel'aveva donata un acquirente. L'uomo le aveva detto solamente che era la foto di 'Amma', ma egli stesso non sapeva chi fosse questa 'Amma'. Shantaram voleva quella foto, ma la giovane non era disposta a separarsene poiché da quando la possedeva la sua vita era stata benedetta in molti modi.

Dopo due settimane Shantaram tornò a Mumbai. Quando arrivò a casa, sua moglie gli porse un pacchetto affidatole da una signora che le aveva chiesto di consegnarlo a Shantaram. Egli lo aprì e vi trovò la foto della fiorista! Ne rimase sbalordito! L'aveva desiderata così tanto che Dio gliela aveva fatta recapitare a casa. Shantaram la mise subito nella stanza della puja e iniziò ad adorarla.

Ascoltai la storia di Shantaram in silenzio. Ciò che mi colpì fu che si trattava proprio della foto che avevo scattato ad Amma! Questo suscitò la meraviglia generale e raccontai a tutti come fosse stato difficile ottenerla.

Molti devoti avevano iniziato a chiedere insistentemente un'immagine di Amma in meditazione. A quel tempo io ero il fotografo dell'ashram. Sebbene non gradisse essere fotografata, un giorno le dissi: "Amma, devi permetterci di farti una foto" e lei accondiscese. Ne scattai molte, ma quando le sviluppai non c'era nulla! Ne fui terribilmente ferito. Avevo sentito che tutti quelli che avevano cercato di fotografarla avevano ottenuto lo stesso risultato.

Una volta un fotografo australiano professionista cercò più volte di scattare una foto ad Amma e ogni volta che lo fece, la pellicola si bloccò nella macchina. L'otturatore della macchina di un altro fotografo si ruppe. Queste persone però avevano cercato di scattare una foto ad Amma senza chiederne il consenso, mentre io le avevo scattate solo dopo averlo ottenuto. Le comunicai il mio rammarico e infine lei si lasciò riprendere mentre meditava. La foto che Shantaram aveva visto nel negozio era proprio quella che avevo fatto mentre meditava (foto nelle pagine seguenti). Un ingrandimento di quella foto era stato stampato a Madurai e Shantaram ne aveva avuto una copia. Tutto questo colpì Shantaram, che per disposizione divina, aveva ardentemente desiderato avere più notizie su Amma.

* * *

Ogni giorno che trascorrevo a Mumbai cambiava la mia visione della vita. I giorni che passarono diventarono una sadhana. Rimasi colpito dalla brama del successo che traspariva da migliaia di volti brulicanti nella metropoli di Mumbai. Compresi che solo l'insoddisfazione ravviva il volto dell'uomo moderno, che fatica da mattina a sera anelando nel profondo del suo cuore a raggiungere qualcosa.

Ciò che dona bellezza alla vita è la contentezza del cuore, uno degli stati d'animo più difficili da raggiungere. La beatitudine che nasce dalla soddisfazione del Sé costituisce la natura stessa dell'uomo e spiega perché gli uomini sono così assetati di beatitudine. Compiamo ogni azione aspettandoci di ottenere felicità e soddisfazione. Tuttavia, nessuna acquisizione materiale ci appagherà per sempre. I ricchi e i poveri sono ugualmente insoddisfatti. I milionari, delusi! I fortunati, scontenti! I simpatici e i belli, scontenti! E più di loro quei titani che hanno conseguito tutto quanto desideravano nella vita e vivono comunque nell'inquietudine.

Un re potrebbe non raggiungere la soddisfazione che persino un mendicante possiede. Per essere contento un re dovrebbe diventare un imperatore, il re dei re. Tuttavia, anche se venisse incoronato imperatore, si ripresenterebbero nella sua vita motivi che lo rendono insoddisfatto. Solo chi conosce il Sé o i mahatma come Amma sanno cosa sia l'estasi della soddisfazione del Sé. Essi sono come farfalle che succhiano il nettare dai fiori e non ne serbano per il futuro. Volando di fiore in fiore estraggono il nettare, senza rovinarli, senza deturpare la loro bellezza o esaurire la loro fragranza. Un mahatma non tiene nulla per sé; come la farfalla, accetta solo quello di cui ha bisogno. La presenza degli esseri illuminati dona bellezza a questo mondo. La bellezza dei mahatma risiede nella conoscenza suprema e nel totale altruismo. Solo attraverso la rinuncia è possibile raggiungere un simile splendore.

Una volta un re vide sul lato della strada uno yogi immerso in meditazione e volle ospitarlo nel suo palazzo. Espresse il suo desiderio allo yogi che accettò immediatamente l'invito. Il sovrano ne rimase sorpreso: aveva supposto che avrebbe dovuto insistere parecchio per persuaderlo. Il fatto che avesse accettato l'invito con grande gioia fece sorgere dei dubbi nella mente del re: l'asceta non era di certo un mahatma. Se lo fosse stato, sarebbe stato disposto a venire a palazzo, attratto dai piaceri della vita di corte? L'impressione che aveva avuto sulla divinità dello yogi mutò. Entrambi si diressero verso il palazzo, dove li attendeva ogni tipo di comfort. Dopo molti giorni il re decise di rivelare i suoi dubbi allo yogi.

Recandosi da lui, disse con grande umiltà: "Sua Santità, pensavo che lei fosse un mahatma, ma non appena la invitai nella mia reggia, la sua pronta accettazione della mia proposta mi fece sorgere qualche interrogativo. I dubbi sono diventati sempre più forti e mi chiedo se lei sia veramente un asceta. Ora vive qui e come me gode di ogni piacere materiale. Qual è allora la differenza tra noi?"

Lo yogi rispose: "Per conoscere la risposta è necessario allontanarsi dal palazzo. Venga con me". E subito dopo si mise in cammino seguito dal re. Dopo aver percorso un po' di strada, lo yogi esclamò: "O re, io non torno mai sui miei passi e quindi non rientrerò a palazzo. Se lo desidera, può accompagnarmi".

Queste parole sconcertarono il monarca: "Come potrei farlo? Non posso dimenticare le mie responsabilità solo per unirmi a lei".

Ridendo, lo yogi disse, "Sì, lo so, non può venire. Questa è la differenza tra noi. Per me non c'è differenza tra il trascorrere le giornate a palazzo o l'attraversare questo fossato melmoso. Io sono sempre libero, non ho alcun legame".

E pronunciando queste frasi, riprese a camminare. Il sovrano comprese la sua stupidità e sebbene cercasse di persuadere lo yogi a tornare, questi continuò a camminare senza nemmeno voltarsi.

Dio ci ha donato un corpo. Come Amma ci ricorda: "Questo corpo è un dono di Dio; esso racchiude numerosi misteri e prodigi. Di fatto, non siamo consapevoli di cosa accada nel nostro organismo. Gli straordinari processi che trasformano in sangue il cibo che mangiamo avvengono al nostro interno. Questa macchina, che è il nostro corpo, ha capacità di autoguarigione. Per lo scienziato le sostanze chimiche presenti nell'organismo valgono poche rupie, eppure nessuno scienziato è in grado di ricostruire un essere umano combinando tali sostanze. Il corpo fisico è costituito da cinque elementi: *akash* (etere), *vayu* (aria), *agni* (fuoco), *jalam* (acqua) e *prithvi* (terra). Tutto quanto si trova nel mondo esterno, si trova anche al nostro interno. Si può affermare che ognuno di noi sia un microcosmo dell'universo ed è per questo che i rishi poterono acquisire la conoscenza del mondo materiale attraverso l'introspezione. Tuttavia, per quanto inestimabile sia questo corpo, esso diventerà in seguito fonte di grande dolore e sofferenza, che ci assalgono quando viviamo senza sapere come usare il corpo, la mente e l'intelletto. Questo corpo è lo strumento per realizzare Dio".

Nel corso della nostra vita è necessario seguire una certa disciplina. Dobbiamo sforzarci di purificare e mantenere il corpo in buona salute. Esso è uno strumento che ci permette di compiere buone azioni. Quando lo maltrattiamo, il fisico si ammala. Per purificare la mente è necessario osservare una disciplina, in particolare occorre controllare la favella. Le nostre parole devono essere amabili, dobbiamo offrire alla lingua l'opportunità di cantare le glorie del Signore. Non dovremmo mai parlare inutilmente, ogni parola che esce dalla nostra bocca dovrebbe consolare gli altri. Ci occorre il sostegno del corpo per elevarci dal piano dell'esperienza a quello della comprensione.

Una volta uno scienziato effettuò un esperimento: divise un contenitore di vetro con un pannello trasparente. Da un lato mise un pesce grande e dall'altro un pesciolino che l'altro era solito cacciare. Il pesce grande cercò ripetutamente di catturare quello piccolo, ma ogni volta andò a sbattere contro il divisorio di vetro. Ciò dovette causargli molto dolore poiché alla fine smise d'inseguire il pesciolino. Persino quando fu tolto il divisorio, il pesce grande non tentò di avvicinarsi a quello piccolo, credendo che vi fosse ancora il pannello trasparente. Aveva imparato dall'esperienza e non era facile dimenticare tale lezione.

Anche gli esseri umani si comportano in modo simile. Di fatto, le esperienze che essi hanno tratto dal mondo sono irreali, come quella dell'uomo che erroneamente vede un serpente in una corda. Coloro che vivono dando troppa importanza alle esperienze del mondo, non potranno mai strappare il velo trasparente che cela la loro vera natura. Non hanno abbastanza coraggio; la spiritualità è solo per i prodi. Solo l'intrepido può passare nell'altro regno. Ciò che viene offerto in sacrificio è la vita dominata dall'ego.

*La foto scattata dall'autore e trovata
poi nella casa di Shantaram.*

L'uomo nell'era delle macchine

24

"Figlio, questa è l'era delle macchine". Le parole di Amma mi tornano alla mente.

L'uomo è diventato come una macchina: le macchine lavorano meglio degli esseri umani e nel campo della medicina moderna i robot possono eseguire persino operazioni chirurgiche. Tuttavia le macchine non possono amare e neppure comprendere il dolore degli altri.

Nella vita frenetica di Mumbai, le persone lavorano come delle macchine. Gli uomini si sono meccanizzati; ognuno pensa solo a se stesso. Una volta vidi delle persone passare di fianco a un uomo che si era accasciato esausto sul marciapiede, fingendo di non averlo visto. Alcuni gli avevano dato un'occhiata prima di proseguire il cammino. La vita umana viene considerata senza valore! Questo non accadrebbe mai in un villaggio: se una persona cadesse per strada, qualcuno si precipiterebbe ad aiutarlo. Mi avvicinai all'uomo che respirava a malapena. Con un gesto chiese dell'acqua e gliene versai un po' in bocca.

Vedendolo, rammentai le parole di Amma: "Si dovrebbe avere compassione per gli altri esseri umani. La compassione per chi è povero e soffre è un nostro dovere nei confronti di Dio. Non perdete mai l'occasione di compiere delle buone azioni. Consolare chi soffre è adorare il Signore".

Quando ebbe finito di bere, l'uomo cominciò a parlare. Appena seppi che non mangiava da giorni, comprai del cibo in un ristorante vicino e glielo offrii. Lasciandolo, non potei fare a meno di vedere un luccichìo nei suoi occhi. Sentii la compassione amorevole di Amma fluire da quello sguardo. "La soddisfazione non sta nel prendere, ma nel dare", le parole di Amma mi risuonavano nelle orecchie.

Compresi che tutto quanto avevo considerato insignificante era colmo di mille significati. La vita deve avere un senso, ma questo non può essere compreso da chi vive egoisticamente! Se comprendiamo che Amma è onnipervadente, cos'altro possiamo fare se non amare e portare rispetto a tutti? Ho notato che quando vediamo Amma negli altri, persino le persone egoiste cambiano atteggiamento.

Anche dopo essere tornato a casa dal lavoro, non riuscii a togliermi dalla mente l'immagine del vecchio sdraiato ai margini della strada. Ricordai il suo corpo emaciato; la scena in cui lui, con gli occhi infossati, implorava dell'acqua, continuava a tornarmi in mente. Vi sono così tante persone che procedono nella vita fronteggiando simili difficoltà! Quanti soffrono senza potersi permettere neppure un pasto al giorno! Pensando a tutto questo, non me la sentii di mangiare quella sera e decisi di digiunare per qualche giorno.

Ognuno di noi ha problemi in abbondanza. Quando dunque trovare il tempo per ascoltare i dolori altrui? Quella notte, mentre ero immerso in meditazione, percepii Amma avvicinarsi e accarezzarmi: "Dove c'è amore non c'è distanza", le parole di Amma si erano avverate e, con questa ninnananna, persi coscienza del corpo. Il dolore della separazione divenne un'esperienza divina.

Il giorno successivo avrei dovuto iniziare il digiuno, ma dovetti interromperlo quel giorno stesso. Sarebbe più corretto dire che Amma mi fece rompere il digiuno agendo attraverso un certo Balakrishnan che lavorava nel mio ufficio. Balakrishnan era di Palakkad, ma si trovava a Mumbai ormai da molti anni. Sebbene avesse quasi 70 anni, lavorava con più zelo dei giovani e le sue battute stemperavano la noia del lavoro d'ufficio. Solevo raccontargli delle storie su Amma, ma Balakrishnan, che proveniva da una comunità di bramini del Tamil Nadu, non era molto interessato ad Amma che apparteneva a una casta di pescatori. Io, tuttavia, stavo attraversando una fase in cui non riuscivo a smettere di parlare di lei. Se dovevo dire qualcosa, Amma era il soggetto del discorso. Narravo episodi che la riguardavano, senza curarmi se Balakrishnan li gradisse. Nonostante li ascoltasse con attenzione, non credeva alle mie parole.

Quel giorno Balakrishnan arrivò con due pacchetti di riso, si diresse subito verso di me e mi chiese: "Hai deciso di non mangiare nulla?"

La sua domanda mi colse di sorpresa poiché non avevo detto a nessuno del mio voto! Come faceva a saperlo?

"Stai digiunando?"

Sentendo nuovamente la domanda, mi riscossi dai miei pensieri. "Sì," replicai, notando un'espressione di meraviglia sul suo viso. Balakrishnan mi riferì allora di un sogno fatto la notte prima, in cui gli era apparsa Amma di Vallickavu! Vedere dei mahatma, seppure in sogno, è una grande benedizione. E quello non era un semplice sogno, era uno *svapna darshan*, una visitazione divina in sogno, nella quale Amma non solo aveva informato Balakrishnan della mia intenzione di digiunare, ma gli aveva anche chiesto di persuadermi a mangiare! È veramente Amma che compie ogni cosa.

Poiché il cibo portato da Balakrishnan soddisfaceva un desiderio di Amma, non potei rifiutare di mangiarlo. In tal modo Amma si stabilì permanentemente nel cuore di Balakrishnan, che cominciò a desiderare intensamente d'incontrarla. In precedenza gli avevo mostrato la foto di Amma che possedevo e per questo era riuscito a riconoscerla nella forma apparsagli in sogno. Da allora crebbe il suo interesse ad ascoltare racconti che la riguardavano.

Fu solo più tardi che seppi che c'era dell'altro nella vita di quel Balakrishnan che raccontava sempre barzellette; esisteva un altro suo lato, un lato triste. L'uomo aveva perso ogni suo avere e la salute e doveva provvedere economicamente alla famiglia persino a quell'età avanzata. L'ingresso di Amma nel suo cuore fu un'immensa benedizione. Balakrishnan, che credevo uno scettico, sviluppò una profonda *bhakti* per Amma, affidandole tutti i suoi problemi. In seguito si riconciliò con i figli che l'avevano abbandonato dopo un litigio. Lo vidi esultare euforico al ricongiungimento con i famigliari che si erano allontanati.

Perché gli esseri umani devono soffrire così tanto? Quando finiranno tutte queste tribolazioni? Se durante il penoso viaggio della vita siamo benedetti con il darshan dei mahatma, tutte le nostre difficoltà svaniranno. Il Guru è pronto ad addossarsi il peso dei nostri peccati. Assumendo la forma del Guru, Dio sta cercando di sollevarci dall'abisso di dolore della vita.

Il dolore non è reale. Noi soffriamo perché abbiamo dei desideri. Sebbene non vi sia nessuno a cui piaccia soffrire e tutti vogliano evitare la sofferenza, noi continuiamo a nutrire desideri e così le nostre pene aumentano. Se riusciamo a comprendere le idiosincrasie della mente, possiamo eliminare la sofferenza. La mente anela costantemente a qualcosa ed è perennemente scontenta; non c'è nulla che la soddisfi. Persino quando ottiene ciò che vuole, resta insoddisfatta. Nonostante il desiderio per un oggetto sfumi quando lo si consegue, un nuovo desiderio sorge immediatamente. I mahatma proclamano: "Le persone soffrono perché nutrono dei desideri. Essi sono il seme della sofferenza e quando questi scompaiono è possibile sperimentare la beatitudine".

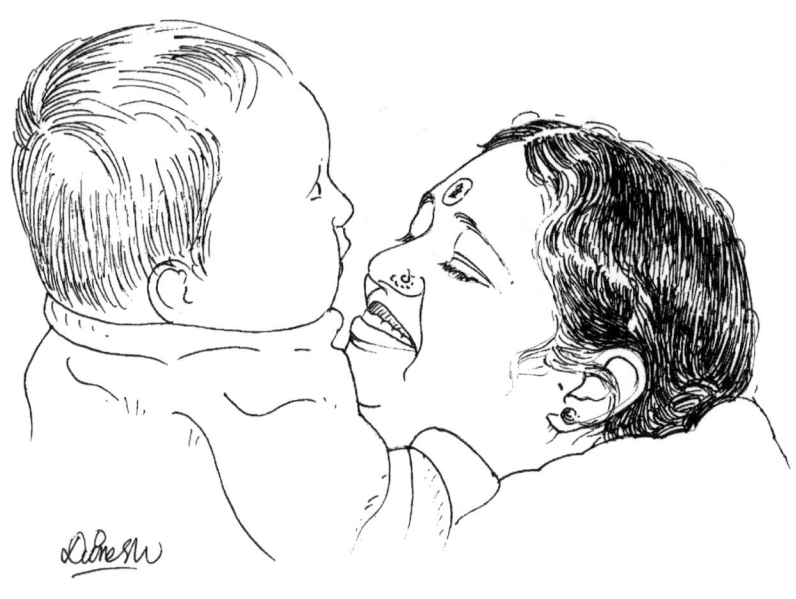

Ritorno dalla Madre

25

Sebbene circondati dal benessere materiale, oggi le persone vagano qua e là senza sapere cosa sia la soddisfazione. Le buone qualità stanno scomparendo negli esseri umani. Nel viaggio della vita verso la felicità gli uomini sono condannati a morire come gli animali, senza essere mai riusciti a sperimentare anche solo un attimo di pace. Che cosa fanno di diverso dagli uccelli e dagli animali? I nidi degli uccelli sono più belli degli splendidi palazzi costruiti dagli uomini. Gli alveari delle api sono prodotti in base a precisi calcoli matematici e a una velocità che sorprende persino ingegneri esperti. La natura ha scoperto il volo prima ancora che gli uomini fabbricassero gli aerei! Per costruire gli aeroplani abbiamo preso a modello uccelli e farfalle.

I *rishi* avevano già scoperto tutto nel proprio Sé e sperimentato l'intero universo dentro di loro. Sebbene onniscienti, vivevano come se ignorassero ogni cosa. Finché viviamo nel regno della dualità, la vita può sembrare colma di dolore. I mahatma come Amma ci insegnano a vedere l'unità persino in questo mondo di polarità.

Nel bel mezzo della vita frenetica di Mumbai incontrai Damu, un altro figlio di Amma che aveva ricevuto il darshan molte volte. Lavorava presso il Bhabha Research Center e talvolta si recava al Sandipani Sadhanalaya. Era un giovane scienziato e frequentava con regolarità le lezioni sulla *Bhagavad Gita* e altri satsang. Durante il mio soggiorno a Mumbai la presenza di Damu fu una grande consolazione: ebbi infatti molte occasioni di aprirgli il mio cuore e parlare di Amma. Damu non si curava d'indossare bei vestiti o avere un bell'aspetto, mangiava solo una volta al giorno e conduceva una vita di totale rinuncia. Passeggiavamo la notte per le strade deserte illuminate dalla luna, parlando di Amma; spesso non ci accorgevamo di quanto tempo avessimo camminato, talvolta proseguivamo sino all'alba e così, per tornare nel luogo di partenza, dovevamo prendere un treno.

Erano trascorsi sette mesi dal mio arrivo a Mumbai. Più comprendevo la grandezza di Amma, più mi riusciva difficile starle lontano. Decisi di dimettermi e di tornare a Vallickavu. Scrissi ad Amma molte volte e infine lei mi concesse il permesso. Così mi congedai dalla mia vita a Mumbai e tornai a casa. Damu dovette restare a Mumbai e lavorare ancora per molto tempo, ma infine anche lui venne ad abitare stabilmente nell'ashram. In seguito prese il nome monastico di Swami Prajnanamritananda Puri.

Nei mesi in cui ero stato assente, erano avvenuti molti cambiamenti nell'ashram: Amma aveva accettato il nome di 'Mata Amritanandamayi Devi' (Madre Divina di Eterna Beatitudine), conferitole dai suoi figli ed era stato creato un fondo fiduciario noto come 'Mata Amritanandamayi Mission', composto dai devoti residenti. Tale fondo divenne più tardi il Mata Amritanandamayi Math (MAM). Come suggerito da Amma, fui nominato Segretario Generale del Math. Qualche nuova capanna era sorta vicino a quella dove lei abitava. I primi residenti dell'ashram non avevano un posto dove alloggiare; Amma stessa ci insegnò come intrecciare le foglie dell'albero di cocco per costruire una capanna e come coprirne il tetto di paglia. Più tardi compresi come questo facesse parte dell'addestramento che ci avrebbe reso capaci di fare tutto senza dipendere da aiuti esterni. Nei giorni di bhava darshan arrivavano all'ashram devoti che giungevano da luoghi diversi e noi dovevamo cedere il nostro alloggio. Dopo aver servito loro il pasto, non rimaneva alcun cibo e così Amma stessa si recava dai vicini per procurarcene. La vita dell'ashram divenne incantevole al riparo rigenerante dell'amore di Amma.

I miei familiari non si opposero alle mie dimissioni e al mio ritorno. Ogni mese Amma mi mandava a visitare la mia famiglia purvashram: in una di queste visite, un giorno mio padre notò che il mio *mundu*[25] era rammendato in diversi punti. Mi disse che non avrei dovuto indossare un mundu rattoppato e me ne diede uno nuovo con cui feci ritorno all'ashram. Mentre parlavo con Amma nella sua stanza, non mi accorsi che l'orlo aveva sfiorato alcuni bastoncini di incenso accesi che si trovavano a terra. Quando Amma vide il mio indumento prendere fuoco, spense le fiamme con le sue stesse mani. Notando il mundu nuovo, chiese: "Figlio dove lo hai preso?"

Le spiegai cosa fosse accaduto quando ero tornato a casa.

"Figlio, non hai un altro mundu?" Alla sua domanda, scossi il capo in gesto di diniego. Amma rimase in silenzio per un po'. "Non dovrebbe esserci qui tutto ciò di cui i miei figli rinunciatari hanno bisogno? I miei figli non hanno bisogno di andare in cerca di nulla. Dio provvederà a tutto ciò che vi occorre. Figlio, cerca attentamente in tutta la tua stanza".

Queste sue parole mi ricordarono che per molti giorni avevo visto nella mia camera un pacchetto avvolto nella carta. Avevo pensato che qualche devoto lo avesse dimenticato lì. Ne parlai ad Amma e lei mi disse di andare a prenderlo velocemente. Tornai con il pacchetto e glielo diedi. Lei lo aprì: all'interno c'erano due nuovi mundu! Amma mi guardò e disse: "Amma non ti aveva detto che Dio avrebbe inviato tutto quanto è necessario?"

Le affermazioni dei mahatma si avverano. Ogni parola di Amma diventa una verità che può essere sperimentata. Tutto ciò che ci occorrerà domani arriverà oggi stesso. Questo fu ciò che in seguito imparai dall'esperienza. Non ho mai avuto bisogno di cercare qualcosa. Quando affidiamo la nostra vita a Dio, non

---

[25] Telo che gli uomini annodano intorno alla vita per coprire la parte inferiore del corpo.

dobbiamo avere alcun dubbio. Il sentirci al sicuro nelle Sue mani ci infonderà forza ed entusiasmo.

Amma è veramente un flusso ininterrotto di sapienza divina. Indipendentemente da quanto impareremo, lei rimarrà comunque un grande oceano di conoscenza. Pur avendola vista, essendole stati vicini o avendo vissuto con lei, potremmo non averla compresa. Poiché Dio oltrepassa i limiti del nostro intelletto, le conclusioni della nostra mente sono probabilmente erronee. Arjuna visse con Sri Krishna per molti anni, trattò il Signore come un amico e Sri Krishna stesso partecipò a tutti gli scherzi di Arjuna. In questo periodo il Signore non era disposto a impartire ad Arjuna la saggezza divina, ma quando durante la battaglia di Kurukshetra Arjuna fu pronto ad abbandonare completamente il suo ego, il Signore aprì lo scrigno che racchiudeva la preziosa saggezza. Quando si prende coscienza della propria impotenza, nasce l'attitudine all'abbandono e il Guru agisce in modo che il nostro ego si dissolva.

Il paziente potrà pensare che il medico che sta pulendo la sua ferità non abbia pietà, ma il medico non ha scelta se vuole rimuovere un'infezione che può diffondersi in tutto il corpo. Quando la corazza dell'ego viene infranta, il discepolo potrebbe provare dolore. Lo stesso discepolo che sino ad allora aveva cantato le lodi del Guru, ora potrebbe insultarlo o persino lasciare il Guru e tornare a sguazzare nel mondo del *tamas* (inerzia) come l'anima del defunto che non ha acquisito sufficiente merito e che deve passare nuovamente attraverso esperienze dolorose e disgrazie che gli procura la natura e bruciare nel fuoco dell'inferno.

Solo la compassione spinge Dio a scendere tra noi assumendo la forma del Guru. Amma si è incarnata come la personificazione del sacrificio, pronta a soffrire e a prendere su di sé l'intero carico dei peccati del mondo. Sottoponendo il suo corpo a innumerevoli sofferenze e consumando se stessa, Amma diffonde la fragranza dell'amore. Per chi ha respirato tale fragranza, Dio non è più un'idea astratta ma un'esperienza diretta.

I divini bhava interiori

26

Durante il *Satya Yuga* (l'Era della Verità) i templi non erano necessari: le persone avevano una fede totale nei Guru, che erano degli esseri illuminati. A quei tempi il cuore delle persone era puro come il santuario di un tempio e questo permetteva di vedere e sentire sempre il Signore che splendeva in loro.

Chi viveva nella convinzione che la forza divina operasse in lui, non veniva ammaliato dall'ego e conseguiva l'unione con il Paramatma.

Ogni qualvolta le incarnazioni divine manifestavano le loro lila tra gli uomini, gli scettici erano numerosi, pochi possedevano una fede completa. Indipendentemente da quanti prodigi si manifestano sotto i nostri occhi, se la nostra mente non è pura, erigerà la barriera del dubbio. Non importa quanto qualcuno ci ami; se diamo sufficiente ascolto a qualcun altro che lo critica, la nostra mente comincerà a vacillare. Come potrebbe una mente così mutevole conoscere Dio?

I nostri rishi avevano previsto tutto questo e intuendo che in futuro le persone avrebbero trovato arduo percepire il Divino in loro o abbandonarsi completamente ai mahatma, infusero la propria coscienza divina nelle statue. I templi che i mahatma consacrarono divennero quindi, col passare del tempo, luoghi sacri.

Si dice che tutti i milioni di divinità esistano in noi e che ogni essere umano abbia ereditato gli innumerevoli bhava divini. Questa nascita umana ci è stata data perché possiamo rafforzare le nostre virtù divine e raggiungere la Pienezza. Nei mahatma è facile vedere tutti gli attributi di Dio. Benedetti sono coloro che prendono rifugio in un mahatma e lo venerano per ottenere la realizzazione e affrancarsi dai lacci del karma e dal ciclo di nascita e morte in relativamente pochi anni. Dopo aver assaporato l'esperienza della beatitudine, otterranno l'immortalità.

Ricordo un episodio accaduto nell'ashram molti anni fa. In un tempio vicino si stava svolgendo un festival. Il rituale prevedeva che prima della manifestazione religiosa si portasse in processione attraverso il paese la statua del tempio; gli abitanti credevano che in tal modo Dio visitasse le loro abitazioni. Il sacerdote si recava in ogni casa portando sul capo la statua nella quale era stata invocata la presenza divina. Con sincera devozione e reverenza, ogni persona porgeva il benvenuto alla divinità, invitandola a entrare nella sua dimora e offrendole una ciotola di riso, una lampada a olio accesa e altri doni di buon auspicio. Un gruppo di suonatori di tamburo, esperti in questo cerimoniale, accompagnò la statua sino alla casa vicina all'ashram, ma non entrò nell'ashram. Era un giorno di Devi Bhava e i devoti seduti vicino ad Amma chiesero: "Amma, questo è l'unico posto che hanno tralasciato, non puoi fare in modo che vengano anche qui?"

Amma accennò un sorriso. Dopo breve tempo i devoti notarono che il suono dei tamburi si intensificava sempre più e sembrava avvicinarsi. Ben presto assistettero a uno spettacolo incredibile. L'uomo che trasportava la statua cominciò a muoversi come se stesse danzando in trance e corse fin dentro l'ashram. I musicanti lo seguirono, accompagnati dagli abitanti del villaggio. Dopo aver posato la statua a terra, il sacerdote tornò in sé; immediatamente se la rimise sul capo e iniziò ad allontanarsi. Tutti notarono che Amma chiuse gli occhi per un attimo.

Poco dopo il sacerdote riprese a danzare in totale abbandono e ritornò velocemente nell'ashram, deponendo a terra la statua . Rientrato in sé, la riprese e si allontanò come aveva fatto in precedenza. Di nuovo, Amma chiuse gli occhi: l'uomo ritornò un'altra volta, danzando rapito. Questa scena si ripeté otto volte.

Alla fine, completamente esausto, l'uomo posò la statua davanti al kalari e si presentò ad Amma che stava dando il Devi Bhava darshan, allungando la mano per avere un po' di *tìrtham* (acqua benedetta). Amma gliene versò un poco e con grande affetto lo abbracciò. Dopo essersi prostrato dinanzi a lei, pieno di rimorso, il sacerdote prese la statua e se ne andò.

I devoti assistettero stupefatti all'intera scena. Qualcuno non riusciva a capire cosa fosse accaduto. Com'era possibile che quando Amma chiudeva gli occhi il sacerdote cominciasse a danzare in trance? A questa domanda, Amma sorrise nuovamente. Tutto è in lei. I diversi aspetti del Divino esistono in noi, ma non sono sotto il nostro controllo. Tuttavia, tutte le divinità sottostanno al volere di coloro che conoscono la Verità e sono in grado di manifestare o controllare ogni bhava divino. Per chi è consapevole che tutti i bhava divini esistono in lui, non è difficile risvegliarli o accoglierli. I devoti possono vedere come, durante il Devi Bhava, Amma manifesti il bhava divino di Jagadambika, la Divina Madre dell'universo.

Occorre eliminare le nostre tendenze demoniache, risvegliando le qualità positive. Lo sviluppo delle qualità divine fa affiorare il Divino che è in noi. Quando le tendenze demoniache scompaiono, raggiungiamo un grado di purezza che ci consente di vedere l'intero pantheon divino al nostro interno. È per ottenere questa purezza che compiamo rituali di adorazione.

La mente è paragonata a una chiave: se la giriamo in un senso chiudiamo la porta, se la giriamo nell'altro la apriamo. In modo analogo, la mente può farci cadere nel samsara oppure liberarci da ogni legame; essa va colmata con pensieri nobili. Perché ciò sia possibile, Amma ci esorta a vivere ricordando Dio; tuttavia vi sono molte persone che utilizzano erroneamente la forza dell'immaginazione.

Dio è come il sole che diffonde la luce in ogni momento, illuminando e donando forza a tutti noi, senza alcuna distinzione. Chi si rifugia nell'oscurità non riceverà la luce del sole. Allo stesso modo, Dio ci colma incessantemente di benedizioni, ma i veli dell'ego impediscono alla grazia divina di raggiungerci; solo il Guru può rimuoverli. Questo è l'insegnamento che possiamo trarre dalla vita di Amma. Non c'è nessuno che non abbia inchinato il capo dinanzi al suo amore o non abbia aperto il suo cuore vedendo il suo sacrificio. Nella luce della saggezza di Amma l'oscurità creata dall'ego si disperde. Le azioni eseguite senza egoismo diventano atti di adorazione del Signore.

C'era una volta un ladro che aveva l'abitudine di penetrare ogni notte in un palmeto vicino a una casa per rubare le noci di cocco. Dopo ogni furto gettava una noce di cocco nel fuoco sacrificale, offrendola con devozione al Signore Ganapati per riparare all'azione commessa. Accettava poi la noce di cocco cotta come prasad dal Signore, la mangiava e se ne andava. Tuttavia, dopo qualche tempo il ladro si ammalò e quindi non fu più in grado di arrampicarsi sugli alberi; ciò nonostante, ogni notte si recava dove solitamente offriva la noce di cocco a Sri Ganapati. Cercava di consolarsi pensando che la malattia fosse una punizione per i furti commessi; ogni giorno pregava il Signore di perdonarlo di tutti i suoi peccati; il suo maggiore cruccio era quello di non avere più nulla da donare al Divino. Una sera, a mezzanotte, Sri Ganapati apparve dinanzi al ladro che languiva nel palmeto: in pochi istanti il devoto fu libero dalla malattia e una statua di Ganesh comparve in quel punto, come segno della visita divina. I devoti costruirono un tempio proprio lì e migliaia di persone si recavano per offrire noci di cocco. In tanti trovarono conforto visitandolo e il tempio divenne una meta di pellegrinaggio, dove moltissimi videro esauditi i loro desideri. La forza divina opera in modo tale che persino il desiderio innocente di un ladro può venire ascoltato.

Se ci abbandoniamo a Lui, Dio è pronto a donarci qualsiasi cosa, non accorre in nostro aiuto solo dopo aver esaminato la nostra vita. Quando il pensare al Signore farà luccicare di lacrime i nostri occhi, la benedizione divina discenderà spontaneamente su di noi.

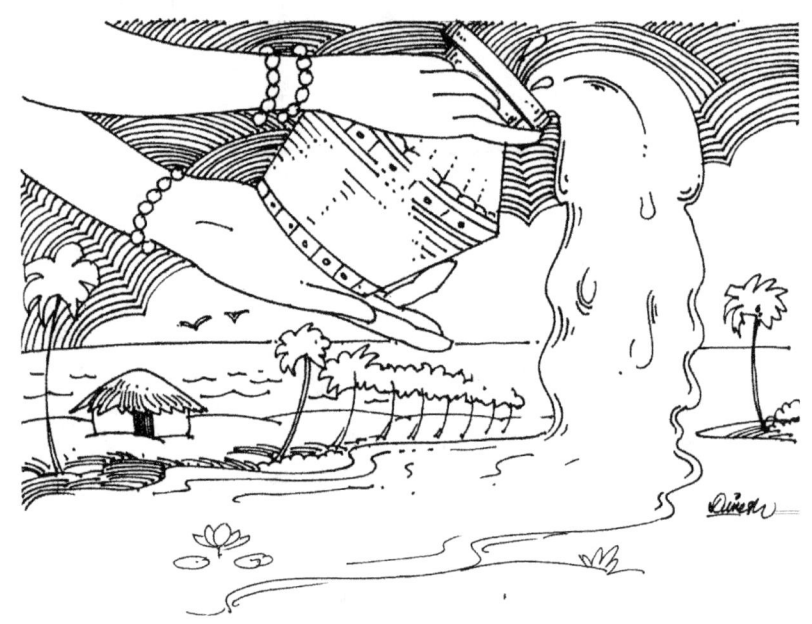

Annapurnesvari

27

La ricerca della conoscenza è propria della natura umana. Dopotutto la vita è un viaggio verso la Pienezza e la sensazione di essere incompleti è la causa della nostra sofferenza. Poiché l'onniscienza è la vera natura dell'essere umano, tutti noi aspiriamo alla conoscenza, interessandoci non solo a quanto ci riguarda, ma anche a ciò che accade agli altri e nel mondo. Per quanto ci impegniamo nell'acquisire nuove nozioni, nessuno sforzo intellettuale potrà mai appagare la nostra sete di conoscenza, similmente alla fame del Signore Ganesha che persisteva anche dopo che ebbe ingoiato l'intero universo. Una manciata di riso soffiato ricevuta da Parameshvara fu però sufficiente a saziare Sri Ganesha. Solo un Satguru può soddisfare la nostra sete di saggezza. A un discepolo che aveva trascorso la propria vita alla ricerca della Verità, il Guru sussurrò in un orecchio: *"Tat tvam asi"* (Figlio mio, tu sei quella stessa Verità!)

Queste affermazioni del Guru portarono il discepolo, che aveva divorato volumi e volumi di libri, a vivere l'esperienza che trascende ogni descrizione e prelude alla sapienza.

La Verità dona la conoscenza autentica e crea in noi la bellezza. La Verità è Shiva. "Shiva" significa "Imperituro". Tutto ciò che non ha fine è splendido e tutto è illuminato dalla luce radiosa della consapevolezza dell'anima. Le persone sono solite cercare la felicità negli oggetti effimeri, salvo poi rendersi conto che tutti questi oggetti sono fonte di sofferenza. Chi trascorre la propria vita cercando di possedere ciò che è passeggero, alla fine se ne dovrà pentire. Abbracciate l'Imperituro, ricercate la bellezza dell'anima e utilizzate il corpo e la mente per questo scopo. La morte vi spoglierà di tutti i vostri averi, cercate dunque di conseguire l'immortalità. Trascendete il tempo, rifugiatevi nel Signore Yama, Colui che ha conquistato il tempo. Abbandonatevi al glorioso Guru, che ha il potere di bruciare il vostro senso di individualità nel fuoco della saggezza. Questo è il messaggio dei mahatma.

Ricordo un episodio accaduto anni fa, durante i festeggiamenti per il compleanno di Amma. Per inaugurare le celebrazioni era stata accesa una lampada sulla veranda del kalari, dove Amma era solita dare i bhava darshan. Al termine della pada puja, cominciarono i bhajan. Mentre i devoti sedevano assorti nei canti, un uomo aveva iniziato a muoversi tra la folla e si era diretto rapidamente verso di lei. Poiché Amma aveva gli occhi chiusi, pareva non essersene accorta. Sembrava che nemmeno i devoti l'avessero notato, tutti gli occhi erano fissi su Amma. Non appena finirono i bhajan, l'uomo sussurrò qualcosa all'orecchio di Amma. L'espressione del viso dell'uomo rivelava quanto grave fosse la faccenda. Amma lo accarezzò e lo consolò. Nessuno capì di cosa si trattasse. Al termine dei canti, Amma distribuì il prasad a tutti i devoti e si diresse verso la cucina. Qualcuno di noi la seguì e quando vi arrivammo comprendemmo cos'era accaduto: mancava il cuoco! Sebbene quel giorno fossero venuti all'ashram 3.000 devoti, il tradizionale banchetto era stato allestito solo per 500 persone, nessuno si aspettava una tale partecipazione!

Le vivande erano state preparate in base al numero di coloro che erano presenti all'ashram quella mattina e non si era neppure provveduto a ordinare ulteriori provviste. Il cuoco, non vedendo alcuna soluzione a questa difficile situazione, si era probabilmente dato alla fuga. Amma cominciò a consolare le persone disperate della cucina e si occupò personalmente di servire il cibo.

I devoti sedettero in file nella capanna di paglia situata accanto alla struttura dove si tenevano le lezioni di Vedanta. Le persone che abitavano nelle zone costiere vicine erano giunte con dei contenitori per portare a casa il cibo. È una consuetudine dei villaggi: quando c'è un banchetto, si inviano le pietanze a coloro che non hanno potuto partecipare. Amma cominciò a distribuire il cibo; quando le persone della cucina videro come lo stava servendo, si allarmarono. Avevamo pensato che Amma avrebbe dispensato piccole porzioni, in modo che tutti potessero riceverne, ma lei si comportava in modo opposto, abbondando nelle dosi. Come dirle di ridurre la quantità? Anche se l'avessimo fatto, non avrebbe certo obbedito. Amma non è mai stata famosa per la sua obbedienza, nemmeno in passato. I *Trikala jnani* (gli esseri illuminati che conoscono interamente il passato, il presente e il futuro) non hanno bisogno di nessun consiglio; ciò nonostante qualcuno di noi, talvolta, aveva cercato di darle dei suggerimenti.

Spesso avevo detto ad Amma: "Qualche volta anche Dio deve obbedire!" e avevo buoni motivi per affermarlo. Se le chiedevo di riposare, lei non mi ascoltava, se la invitavo a mangiare, lei non lo faceva; quando era giunta l'ora di coricarsi, lei rimaneva alzata. Vedendola sacrificare continuamente il suo corpo in questo modo, desideravo spesso che Amma fosse obbediente come le divinità del tempio. In un tempio si può offrire cibo consacrato alla divinità, la si può mettere a dormire; la sera, il sacerdote può chiudere il tempio e tornare a casa. Ad Amritapuri questo non era possibile perché Dio non entrava nemmeno in casa, ma sedeva per terra davanti al kalari a meditare! Amma dava il darshan proprio lì. Avevamo costruito per Amma una piccola capanna ed era stato completato un edificio a due piani con l'intento di usare la stanza a pianterreno per la meditazione e quella al piano superiore come camera per lei. Ma se Amma preferiva sdraiarsi per terra, cosa potevamo fare? E così anche noi avemmo la fortuna di imparare com'è bello dormire sulla nuda terra, all'aperto.

Quand'ero piccolo amavo bagnarmi sotto la pioggia, ma i miei genitori non me lo permettevano dicendo che mi sarebbe venuta la febbre. Penso che avessero ragione: chi non è abituato a bagnarsi sotto la pioggia si può ammalare. Gli abitanti della foresta che vivono all'aperto, esposti alla luce del sole e alla pioggia, non hanno mai la febbre. Ho visto Amma danzare beata sotto diluvi torrenziali. Non è forse vero che solo sperimentandolo si può provare il piacere di inzupparsi? Non sono mai riuscito a restare in casa durante un temporale, coglievo ogni occasione per uscire nell'acquazzone e ricevere l'*abhishekam* (abluzione rituale) dalla natura. Amma ci ha insegnato a gustare il caldo estremo, la pioggia battente e il freddo intenso.

Osservando come Amma stava distribuendo il cibo, qualche residente, preoccupato, suggerì: "Amma cara, che ne diresti di ridurre un poco le porzioni?" Lei non prestò alcun ascolto. Uno degli anziani del villaggio mormorò: "È inutile cercare di consigliarla! Ha sempre avuto l'abitudine di dare con generosità". Amma continuava velocemente e i recipienti del cibo si stavano svuotando. "Se è la Piccola a servire il cibo, nessuno rimarrà a mani vuote," affermò categoricamente Damayanti-amma, con la certezza datale dalla sua immensa fede. A quante meravigliose lila aveva assistito Damayanti-amma, che aveva avuto la singolare fortuna di essere la madre di Amma! Udendo queste parole, chi stava osservando con il fiato sospeso Amma mentre serviva i devoti, si sentì più sereno e tranquillo. Amma finì di porre il cibo nell'ultima foglia di banano. Quale miracolo! Anche dopo aver nutrito più di 3.000 persone, vi era ancora del riso con curry nelle pentole! A coloro che la guardavano strabiliati, Amma rispose con un dolce sorriso: "Figli, è possibile misurare e quantificare l'amore? L'amore non ha fine. E se c'è qualcosa che si esaurisce, allora non può essere amore. È l'amore dei figli che sono qui e che hanno lavorato duramente che ha riempito le ciotole di cibo".

Amma è sempre pronta a sottolineare come sia la forza dell'amore dei suoi figli e non il suo divino potere a sostenere tutto questo. Dio, dopotutto, ama elogiare i suoi devoti, non afferma mai di essere Lui che agisce; Egli è privo di ego. Come può avere un ego chi è stato trasformato in amore puro?

Esiste qualcosa di impossibile per chi è diventato la personificazione dell'amore? Molto tempo fa, molte persone di Alappad avevano visto Amma servire da una piccola pentola del *panchamritam* (un pudding dolce fatto con cinque ingredienti) a migliaia di persone. Sembra che alla fine della distribuzione, la pentola fosse ancora piena sino all'orlo! Quel giorno fu l'amore stesso di Amma che fuoriuscì come panchamritam.

"Se Amma continua a riversare così tanto amore, alla fine non si esaurirà?", chiese dubbioso un devoto. La risposta di Amma fu chiara: "No, non succederà mai! Figli, esso non avrà mai fine. Lei dona solo quanto trabocca, non è qualcosa che compie volontariamente, l'amore semplicemente trabocca". Se l'amore che trabocca da Amma è così grande, com'è possibile misurare l'amore infinito che riempie il suo cuore?

Si dice che quando Durvasa e il suo numeroso seguito si cibarono indirettamente della piccola foglia di spinacio offerta con amore dalla grande devota Pancali, si sentirono sazi! [26]

Ci è stato narrato di come Cristo nutrì 5.000 persone con cinque pani e due pesci. Ma non possiamo dire di aver visto tutto

---

[26] Pancali e i Pandava ricevettero in dono l'*akshaya patram*, un recipiente che si riempiva automaticamente di cibo. Quel giorno, dopo che i Pandava ebbero finito il loro pranzo, Pancali mangiò il suo pasto e poi pulì il recipiente. Quando seppe che il saggio Durvasa e il suo seguito di migliaia di persone stava arrivando all'eremitaggio per pranzare, si preoccupò poiché il saggio era noto per il suo carattere irascibile e per le maledizioni che lanciava contro chi aveva provocato la sua ira. Pregò con fervore il Signore Krishna che le apparve dinanzi e le chiese qualcosa da mangiare. Pancali replicò che, poiché aveva già lavato l'akshaya patram, non era rimasto nulla. Krishna le disse di controllare di nuovo nel recipiente. Pancali vide un pezzetto di spinacio e lo offrì umilmente al Signore che lo mangiò e si proclamò sazio. Durvasa e il suo seguito, che stavano facendo il bagno in un fiume, si sentirono anch'essi sazi e decisero per quel giorno di non pranzare.

questo con i nostri occhi. Coloro tra noi che valutano questi episodi con il solo intelletto, i razionalisti, potrebbero disdegnarli considerandoli apocrifi.

Tuttavia, gli avvenimenti che riguardano l'incarnazione di Amma non si sono verificati secoli fa, sono l'esperienza di molte migliaia di persone ancora in vita. Il Signore Krishna mostrò al mondo di quali grandi miracoli sia capace l'amore. Se riusciamo a ricevere questo stesso amore attraverso l'affetto di una madre, nascerà in noi un senso di meraviglia per tutto quello che vediamo. Amma ha detto che il mondo è sostenuto dall'amore. Per diventare una personificazione dell'amore puro dobbiamo immergerci in quell'oceano d'amore che è Amma. Questo è il vero abbandono, che ci condurrà a uno stato in cui sperimenteremo l'intenso desiderio di abbracciare la Verità.

* * *

I Mahatma non eseguono miracoli, ciò nonostante ogni loro azione si trasforma in un miracolo. Non è che i mahatma dicono la verità, piuttosto ogni loro parola diventa la verità! A chi si reca al darshan di Amma e la prega di essere liberato dalle difficoltà e di realizzare i propri desideri, lei risponde: "Amma farà un sankalpa". Che cosa significa? I sankalpa degli jnani non sono mai vani, generano potenti vibrazioni in natura che avviano immediatamente un processo che porterà alla realizzazione di tali sankalpa.

Quando mi trovavo all'ashram con Amma, avevo il compito di tradurre in malayalam le lettere in inglese che riceveva; gliele leggevo ad alta voce e scrivevo le sue risposte agli interessati. Ho visto Amma leggere attentamente le migliaia di lettere indirizzate a lei, senza preoccuparsi di quanto tempo potesse occorrere. Se qualcuno gliele nascondeva in modo che potesse riposare, lei le cercava, le trovava e le leggeva tutte.

Un giorno, al termine del darshan del mattino, dopo che Amma era tornata nella sua stanza, andai da lei come al solito con le lettere e gliele lessi tutte. Poiché erano molte, dovetti procedere velocemente. A quei tempi Amma si sdraiava per terra e ascoltava. Tutta la mia attenzione era focalizzata sulle lettere che stavo leggendo ad alta voce senza interrompermi. Improvvisamente sentii un suono dietro di me. *Plop!* Mi voltai: Amma si era rotolata per terra come un bambino ed era proprio dietro di me! "Figlio, quel '*plop*' era il suono del gatto che cade nello stagno. Nulla di cui preoccuparsi, il gatto sa come nuotare!" Fu solo allora che mi accorsi che Amma era rimasta sdraiata a terra a leggere un fumetto! Non ne fui per niente contento. Rattristato, dissi: "Io sono qui che faccio del mio meglio per tradurre le lettere, ma se le cose stanno così, smetterò di farlo!" "Non prendertela, caro. Un bambino mi ha dato questo libro durante il darshan del mattino chiedendomi di leggerlo dopo il darshan e me lo ha donato con così tanto amore! Non potevo ignorare il suo sankalpa innocente. Figlio, Amma stava anche prestando attenzione a quello che stavi leggendo". Non ero disposto ad ascoltare nessuna delle sue spiegazioni. Le chiesi di riferirmi il contenuto delle lettere appena lette e Amma lo fece, ripetendo ciò che era scritto in tutti e dieci i diversi messaggi. E poi aggiunse: "Ora, figlio, ascolta cosa dicono le lettere che non hai ancora aperto". E proseguì, esponendomi ciò che era scritto in ogni singola lettera ancora chiusa! Conosceva il loro contenuto ancor prima che venissero aperte. Quando le aprii, mi accorsi che ciò che aveva detto era esatto.

"Amma, tu ne conosci il contenuto anche senza leggerle... Perché allora vuoi che io trascorra così tanto tempo a tradurle e a fartele ascoltare?", chiesi stupito. Amma rispose: "Persino coloro che non hanno i soldi per spedire una lettera, la inviano ad Amma tramite altre persone. Quando queste persone la scrivono, lo fanno con il sankalpa che Amma la legga e lei non può astenersi dall'accogliere i loro sinceri sankalpa. Quando i figli innocenti le scrivono queste note, i loro sankalpa sono già registrati in natura. Questi messaggi amorevoli, composti con tutto il cuore, raggiungono Amma più rapidamente delle lettere inviate per posta".

Una madre non ha bisogno di una lettera per accorgersi che il figlio ha fame, giusto? È il profondo rapporto d'amore che lega la madre al figlio a unire i loro cuori. Allo stesso modo i mahatma, che nel loro amore hanno raggiunto l'unità con tutto l'universo, possono avvertire in sé stessi le vibrazioni create dai pensieri di ogni creatura.

Gli abbagli di un discepolo

28

Si dice che nel mondo due cose non abbiano mai fine: la compassione del Guru e la stupidità del discepolo. Talvolta mi ritornano in mente le sciocchezze compiute durante i miei primi tempi con Amma. Era il periodo in cui mi ero appena trasferito permanentemente nell'ashram. Amma trascorreva tutto il suo tempo con noi. Come una chioccia, badava alla sua nidiata di pulcini e noi avevamo così numerose occasioni per stare beatamente sotto le sue grandi ali protettive. In quei giorni eravamo incapaci di stare lontano da lei anche solo per un attimo: questo era lo stato della nostra mente. Meditavamo, cantavamo i bhajan e danzavamo con lei. Talvolta Amma faceva scherzi che ci facevano sbellicare dalle risa. Persino allora, quando si sarebbe potuto dimenticare tutto nell'ebbrezza della devozione prodotta dalla presenza del Satguru, presi degli abbagli.

Le idee che avevo sulla spiritualità prima di entrare nell'ashram erano molto diverse. Pensavo di aver completamente chiuso con il mondo materiale e che Amma ci avrebbe permesso d'intraprendere penitenze sulle vette dell'Himalaya o nel cuore della foresta per raggiungere Dio. Amma continuò a modificare le mie concezioni erronee sulla spiritualità.

Per esserle più vicino decisi di svolgere più seriamente le mie pratiche spirituali e scelsi anche il modo che mi avrebbe permesso di contemplare la sua vera forma, accostandomi maggiormente a lei: celebrare la puja a Devi. Qualcuno mi disse che venerando Devi ininterrottamente, ci si sarebbe avvicinati ad Amma e si avrebbe avuto la sua visione. Cercai quindi di apprendere come eseguire la puja. Il devoto che mi aveva suggerito d'impararla, mi diede sia gli oggetti necessari al culto sia l'immagine di Devi.

Mi dedicai perciò alla celebrazione della puja. Amma notò che trascorrevo molto tempo a pulire gli oggetti rituali sino a farli brillare; pensavo che se li avessi fatti luccicare come oro, avrei conquistato facilmente il favore della Dea. Dedicavo quindi più tempo del necessario alla loro pulizia.

Un mattino, mentre stavo svolgendo la puja nella mia capanna, Amma entrò. Pensavo che mi avrebbe dato il darshan apparendomi come Devi, ma comparve nella sua solita forma. Mi sentii orgoglioso della potenza della mia puja: coi miei sforzi ero riuscito a evocare Amma in brevissimo tempo! Tuttavia l'illusione che fosse venuta perché l'aveva gradita durò ben poco. Difatti si potrebbe dire che distrusse tutte le mie congetture. Non c'era nemmeno un briciolo di gioia sul suo viso, al contrario, il suo sguardo era molto serio. "Figlio, non occorre che tu esegua altre puja", disse, "È sufficiente la *manasa puja*".

Alle sue parole, rimasi pietrificato. Ancor prima che potessi chiedere qualcosa, Amma prese tutti gli oggetti rituali e se ne andò. In tal modo ebbe fine la mia sadhana delle puja.

Qualche tempo dopo pensai che si potesse progredire spiritualmente attraverso lo studio delle Scritture. In quel periodo Amma aveva chiesto a uno studioso di sanscrito d'insegnarci tale lingua. Lo studio del sanscrito mi appassionò a tal punto da non lasciare spazio ad altro, tanto che iniziai a trascurare molte delle mie pratiche spirituali quotidiane per dedicarvi tutto il mio tempo. Amma osservava tutto questo. Immaginavo che se avesse saputo che mi stavo seriamente impegnando a studiare i testi sacri, mi avrebbe amato di più. Invece accadde qualcos'altro.

Una notte, alle due del mattino, mentre stavo studiando la grammatica sanscrita alla luce di una lanterna, Amma entrò improvvisamente nella capanna e vide che invece di meditare, come abitualmente facevo a quell'ora, stavo completamente chino sui libri. Ero talmente impegnato a memorizzare le regole grammaticali che non mi resi neppure conto della sua presenza! Raccolse tutti i miei testi sanscriti e uscì. Decisi allora di sospendere temporaneamente anche i miei studi di sanscrito.

Compresi che ad Amma non piaceva che tralasciassi le mie pratiche spirituali giornaliere. In tal caso, probabilmente avrebbe gradito che mi dedicassi a tali pratiche con grande determinazione. Non avevo scelta: dovevo sottopormi all'ascesi più severa per poter raggiungere le vette della spiritualità! Non fu difficile ottenere il permesso di Amma che mi autorizzò a praticare tapas in una grotta.

"Figlio, per quanto tempo hai deciso di restarvi?", mi chiese.

Non avendo una risposta pronta, rimasi al momento in silenzio; più tardi le dissi che sarei rimasto quarantun giorni.

Amma sorrise e acconsentì. Tuttavia, allora non mi fu chiaro il significato di quel sorriso. Il giorno seguente mi alzai presto, entrai nella grotta e iniziai le mie pratiche. Dopo un po' fui raggiunto dal suono della sonora risata di Amma, proveniente dallo spazio antistante il kalari. Quando la udii, incapace di restare seduto più a lungo, mi alzai e sbirciai dalla porta: i miei fratelli Balu, Venu e Rao, seduti accanto ad Amma, ridevano fragorosamente alle storielle divertenti che lei raccontava. Non riuscivo a distinguere con chiarezza quello che stava dicendo. Lentamente lasciai la grotta e andai a sedermi dietro ad Amma. Sentendo i miei passi si voltò e, vedendomi, si mise a ridere e mi chiese: "Caro Sri, quando inizi la tua pratica nella grotta?"

Non le avevo detto che l'avrei iniziata quel mattino, all'alba. La verità era che stavo già soffrendo intensamente per la separazione da lei. Mi guardò con compassione, come per incoraggiarmi. Abbassai la testa in modo che non vedesse i miei occhi riempirsi di lacrime.

Quando avevo comunicato ad Amma il mio desiderio di praticare tapas, non avevo pensato a quanto sarebbe stato doloroso starle fisicamente lontano. Il giorno dopo entrai di nuovo nella grotta e iniziai le mie austerità. Dovevano essere trascorse poche ore quando udii il suono dei bhajan all'esterno: la mia mente si rivolse alla musica. Sebbene cercassi in tutti i modi di controllarmi, mi fu impossibile continuare a restare lì seduto e malgrado i propositi di non alzarmi, non riuscii a impedirlo! Rimanendo in piedi all'ingresso della grotta, guardai fuori. Amma stava cantando bhajan con i brahmacharin, e molti devoti di Kollam erano seduti attorno a lei. A quei tempi ero io che accompagnavo Amma con l'armonium. Sbirciai attentamente per vedere chi mi aveva sostituito. Era Nealu. Mi precipitai fuori dalla grotta! Amma disse a coloro che le stavano vicino cosa fosse realmente accaduto. Tutti mi guardarono e iniziarono a ridere. Rimasi lì, impotente, sentendomi molto infelice. Senza dire una parola tornai verso la grotta, entrai e mi sedetti, ripromettendomi che quanto era successo non si sarebbe più ripetuto.

Dovevo mantenere la parola che avevo dato ad Amma. Decisi fermamente che non sarei uscito prima che i quarantun giorni fossero trascorsi. I primi giorni furono molto difficili: ogni volta che sentivo la voce di Amma, l'intenso desiderio di rivederla faceva vacillare tutti i miei propositi. Pregai Amma stessa di darmi la forza per superare questa difficoltà. Se solo fosse venuta a trovarmi, mi dicevo malinconicamente. Pensando che sarebbe successo, rimanevo sveglio la notte, aspettandola. Ma non venne mai. Cominciai ad abituarmi all'atmosfera della grotta.

Un giorno Amma entrò. Il suo amore e affetto m'infusero nuova vita: "Figlio, quando esci dalla grotta, devi portare Devi-amma con te", mi ricordò.

Compresi più tardi che mi aveva dato la sua benedizione affinché sperimentassi la Dea (Devi), ovvero Amma, che dimora nel cuore. Nei giorni seguenti sentii veramente la continua vicinanza di Amma sebbene fosse fisicamente lontana. Se non avessi avuto questa esperienza, non sarei riuscito a restare in quella grotta. Così trascorsi il mio tempo là, meditando su di lei.

Un giorno, udii di nuovo la sua voce provenire dall'esterno. "Figlio carissimo, sono trascorsi quarantun giorni. Non esci?"

Non riuscivo a rispondere. La mia mente si era completamente abituata all'atmosfera della grotta. Due giorni dopo Amma ritornò e mi trascinò fuori. Scoppiando a ridere, disse: "Figlio, colui che ricorda incessantemente il Guru sta facendo tapas, sia che si trovi all'interno di una grotta o al suo esterno e pertanto non occorre che tu rimanga a fare tapas nella grotta. Una volta che si è stabilito un legame interiore con il Guru, ogni azione diviene tapas".

Avevo letto che per un discepolo la presenza fisica del Guru era indispensabile negli stadi iniziali della sadhana. Se riusciamo a vivere alla presenza del Guru con un atteggiamento di abbandono, potremo realizzare qualsiasi cosa. Compresi che l'avere cercato di stare lontano da Amma, nel periodo in cui trascorreva ventiquattro ore al giorno danzando e cantando con i suoi figli, era stata una sciocchezza. Avevo perso quarantun giorni d'oro, inestimabili. Amma mi consolò con tenere parole di benedizione.

Quel che più conta è il ricordo incessante del Guru e dovremmo cercare di approfittare il più possibile della sua presenza. L'opportunità di essere accanto a un mahatma è veramente una benedizione rara. È già abbastanza difficile nascere come essere umano e ancora più difficile è nutrire interesse per argomenti spirituali. Ma la cosa più ardua da ottenere è stare vicino a un mahatma ed è quanto acquisiamo stando alla presenza di Amma. Dovremmo ubbidire alle sue parole con fede amorevole e devozione, lasciandoci guidare da lei e non dalle nostre attrazioni e avversioni.

Sviluppiamo la forza per trarre il meglio dalle circostanze avverse e impariamo ad andare oltre le nostre attrazioni e avversioni. Coltivare un atteggiamento di apertura della mente e del cuore ci permetterà di provare compassione per la sofferenza presente nel mondo. Riconosciamo il nostro egoismo e le nostre cattive abitudini per eliminarli, proviamo a sbarazzarci del nostro ego; tutto questo fa parte della vita spirituale. Amma ha creato le circostanze esterne che ci permettono di raggiungere questi obiettivi. Ecco perché alla presenza del Guru possiamo compiere in breve tempo ciò che, altrimenti, conseguiremmo dopo anni e anni di tapas. La saggezza che traspare da ogni movimento di Amma è superiore a quella racchiusa in migliaia di libri. Se riusciamo ad afferrare le molteplici espressioni che in ogni istante attraversano il suo viso e a comprendere il significato dei vari *mudra* che le sue dita compongono, non avremo probabilmente bisogno di altro per acquisire la saggezza spirituale.

La spiritualità non consiste nell'eseguire puja, studiare il sanscrito o le sacre Scritture oppure nel rinchiudersi in una grotta; la spiritualità è un modo di contemplare le cose che ci dà la forza di affrontare qualsiasi situazione si presenti. Ciò che rende la vita un'arte è la bellezza del distacco, fonte di beatitudine. Ogni nostro gesto dovrebbe essere una pratica spirituale. Come il loto che cresce nel fango, così la scienza della spiritualità è la saggezza che rende la nostra vita meravigliosa, diffondendo il profumo e la bellezza dell'amore, senza lasciare che il mondo ci contamini.

Attualmente tutte le nostre azioni e pensieri sono completamente insensati. Tutto ciò potrà avere fine solo se riusciremo a trascendere la mente. Possiamo anche accumulare una grande quantità d'informazioni e diventare una vera fonte di conoscenza enciclopedica, ciò nonostante continueremo a ripetere gli stessi errori. "Abbiamo la conoscenza, ma manchiamo di consapevolezza", ci dice Amma. Lei sta trasmettendo la saggezza che ci porterà alla più alta consapevolezza.

Tutta la nostra vita dovrebbe essere dedicata alla pratica spirituale. Innumerevoli devoti, figli di Amma, che hanno trasformato il loro lavoro in una pratica spirituale e si sono resi in tal modo meritevoli della benedizione di Dio, stanno ora servendo altruisticamente in varie parti del mondo. Amma li esorta a sviluppare la purezza interiore attraverso il servizio disinteressato. Forse non tutti possono seguire lo stesso sentiero verso la realizzazione di Dio. Sono davvero pochi gli aspiranti molto evoluti, nei quali predominano le qualità sattviche; nei più prevalgono abitudini rajasiche e tamasiche. Questo è il motivo per cui il Guru indica un cammino spirituale adatto alla forma mentis del discepolo.

La maggioranza delle persone vive curandosi solo dei propri interessi. Ciò che ci rende meritevoli della grazia di Dio è lo svolgere il lavoro in modo disinteressato. Anche se stiamo occupandoci dei nostri cari, dovremmo cercare di farlo senza alcuna motivazione egoistica. Agire in modo altruistico colmerà la nostra vita di bellezza e ci farà sentire appagati.

L'illusione cosmica, fondata sulla dualità, è la fonte di ogni sofferenza: vediamo ciò che non dovremmo e non scorgiamo quello che dovremmo! Per vedere il mondo com'è in realtà, dobbiamo essere puri interiormente. Perché si aprano gli occhi della saggezza è necessaria la grazia del Guru: solo con la sua grazia la visione della Verità può stabilirsi nella nostra coscienza che è rivolta all'esterno. Liberandoci dei nostri carichi karmici, la nostra vita in questo mondo dovrebbe diventare un pellegrinaggio verso la Totalità. Questo samsara ci è utile per apprendere. Dovremmo trarre profitto da questa vita divina e raggiungere la condizione di un *paramahamsa*, trascendendo ogni dualità. È alla presenza del Guru che possiamo eseguire questo compito.

L'amore che trabocca dal nostro cuore dovrebbe manifestarsi come seva, ma innanzitutto dobbiamo imparare a servire il Guru. Chi potrebbe non amare un Satguru come Amma, che manifesta così tante qualità divine? Come sono tutti pronti a servire con entusiasmo i suoi sacri piedi! Nei primi tempi dell'ashram ognuno di noi faceva a gara per servirla e non erano pochi i problemi che tale rivalità provocava. Riconosco ora che anch'io ero uno di quei devoti.

Una parte della capanna dove Amma riposava era utilizzata come cucina. Di solito, al mattino, Swami Ramakrishna le preparava il tè. Un giorno in cui lui non era nell'ashram, decisi di prepararglielo io. Non avevo mai fatto il tè prima di allora, eppure mi muovevo come se fossi il gestore di una sala da tè! Non è forse vero che compito del discepolo è servire il Guru? Come potevo lasciarmi sfuggire l'occasione di servire Amma! Prima che qualcun altro avesse l'opportunità di entrare in cucina, annunciai pubblicamente la mia intenzione di preparare il tè per Amma; non solo, lo dissi anche a lei. Nessuno venne quindi a disturbarmi.

Dopo mezz'ora Amma chiamò dallo spazio di fronte al kalari: "Figlio carissimo, dov'è il tè?"

"Lo sto preparando", risposi ad alta voce.

Amma venne di persona in cucina per vedere come stessi facendo questo mio tè speciale. Notando il colore dell'acqua che stava bollendo nel recipiente, chiese: "Figlio, perché è così scuro?"

"Me lo stavo chiedendo anch'io, Amma. L'ho rifatto parecchie volte, ma non riesco a capire perché l'acqua sia così scura!"

Senza prestare attenzione alle mie parole, Amma prese in mano la teiera. "C'è qualcosa di strano in questo tè", disse. "Nonostante l'abbia rifatto diverse volte, non riesco a ottenere il risultato desiderato", confessai disperato, aprendo la scatola che conteneva il tè e mostrandola ad Amma. Appena la vide, incominciò a ridere fragorosamente. Come poteva la vista del tè suscitare così tante risa? Non comprendendo quale fosse il motivo, rimasi lì impotente. Dopo un po' capii cos'era successo: quello che avevo aggiunto all'acqua bollente, pensando che fosse tè, era di fatto, la pula bruciata del riso, usata come polvere dentifricia!

Con ilarità, Amma concordò con me che l'avevo involontariamente confusa con il tè.

"Ti prego, Amma, non dirlo a nessuno, tutti possono commettere degli errori. Perché non vai a sedere di fronte al kalari? In pochi minuti il tè sarà pronto e te lo porterò".

Come una bimba obbediente, Amma andò a sedersi sulla veranda del kalari, in attesa. Come un cuoco esperto preparai in pochissimo tempo una tazza di tè, ben consapevole che questa non fosse un'impresa da poco, e m'incamminai orgogliosamente verso Amma con il tè. Al primo sorso, Amma pose la tazza a terra e cominciò a rotolarsi sul terreno dalle risa. Avevo visto Amma comportarsi così diverse volte quando entrava in samadhi, ma questo era successo solo durante i bhajan. Non riuscivo a capire come una tazza di tè potesse provocare simili reazioni in lei. Forse avevo recitato troppe volte il mio mantra mentre lo preparavo! Ne bevvi comunque un sorso anch'io, per vedere se avrei avuto la stessa esperienza, e mi fu allora chiaro il perché delle sue grandi risate. Il fatto che il sale e lo zucchero avessero lo stesso colore e sembrassero la stessa cosa, era davvero pericoloso, pensai; al posto dello zucchero avevo aggiunto il sale! Invece di servirla, le avevo solo provocato dei fastidi! Questa verità mi rattristò. Infine Amma stessa andò in cucina, preparò il tè e porse una tazza anche a me. Sul suo viso, da cui irradiava nient'altro che la dolcezza di una madre, non c'era altro che affetto. Il magico potere di quell'amore divino, che dissolve l'ignoranza e l'ego del discepolo, riempì i miei occhi di lacrime.

La maggioranza delle persone finisce per importunare il Guru quando lo serve. Dovremmo fare ciò che sappiamo e non voler compiere un seva che sta svolgendo qualcun altro.

I primi sevaiti che giunsero da Amma per servirla furono gli uccelli e gli animali. Un giorno disse: "Gli uccelli e gli animali intesero Amma immediatamente, mentre per gli esseri umani è stato difficile comprenderla".

Spesso l'innocenza riesce ad afferrare ciò che è inintelligibile per l'intelletto. Tutte le creature compresero la grandezza di Amma, che era diventata una con la natura, gli uomini furono gli ultimi a farlo. Quando Amma digiunava, le aquile, le mucche e i cani accorrevano a servirla, contrariamente agli esseri umani che la schernivano, dandole della pazza. Con la loro vita, gli uccelli e gli animali possono insegnarci molte lezioni. Ecco perché gli avadhuta li considerarono spesso come loro Guru (*Avadhuta Gita*). I cosiddetti uomini colti dimenticano sovente che anche le creature considerate da noi come non intelligenti si comportano altruisticamente. Non impariamo nulla da queste silenziose creature, anzi le uccidiamo per mangiarle. Come può l'umanità trovare la pace in un mondo stretto nella morsa della sofferenza e dell'angoscia di creature prive della parola che nei macelli gridano di dolore?

In molte occasioni gli esseri umani hanno dovuto assistere sgomenti all'azione di calamità naturali che, come in una danza selvaggia di distruzione, radevano al suolo tutto ciò che era stato da essi costruito. Eppure essi continuano a non rispettare la natura. Anche oggi grandi maestri spirituali sono oggetto di critiche e mahatma che hanno compiuto solo del bene vengono persino osteggiati. Ciò nonostante Amma prosegue viaggiando in tutto il mondo, come un torrente inarrestabile che sgorga dalla sorgente perenne dell'amore, pregando per il benessere di coloro che la criticano o la scherniscono, riversando su tutti la sua compassione.

Meraviglie di amore divino

29

Ricordo come ogni nostro giorno trascorso fosse ricco di esperienze. Amma creava intorno a sé un microcosmo del mondo con scene toccanti che legavano insieme figli dalle diverse inclinazioni al filo del suo amore, trasformandoli in una ghirlanda per il Signore, un ornamento per il mondo. La presenza di Amma, capace di tramutare un idolo inerte in una divinità, di addolcire tutti i difetti e di sciogliere l'ego, ha trasformato il mondo spirituale nella più grande università. Amma brilla come l'emblema del sacrificio di sé e offre innumerevoli possibilità ai ricercatori di assaporare il nettare dell'amore divino e dissolversi nell'eternità, non importa quanto diverso sia il loro sentiero verso la verità. Ogni giorno, intorno a lei, si verificano continuamente esperienze che ci fanno sorridere e riflettere.

Inizialmente nell'ashram non esistevano edifici, vi erano solo poche capanne e il kalari dove Amma dava il darshan. Pratiche spirituali come il japa e la meditazione si svolgevano sulle rive delle backwater. Amma stava per la maggior parte del tempo nella zona antistante il kalari. Non utilizzava neppure una stuoia per sdraiarsi; vedendo questo suo continuo sacrificio, i residenti dell'ashram avevano imitato il suo esempio. I brahmacharin lasciavano le loro capanne per metterle a disposizione dei devoti che giungevano all'ashram e ci capitava spesso che non restasse più nulla da mangiare dopo aver cucinato e servito il cibo ai visitatori. Quando ci sdraiavamo per terra digiuni, dopo aver servito i devoti fino a saziarli, Amma cercava spesso di svegliarci per farci mangiare. Non importava quanti giorni trascorressimo senza cibo, non ci sentivamo mai stanchi. Quelli furono i tempi in cui comprendemmo che la felicità e la soddisfazione risiedono nel dare e non nel ricevere. Fu un periodo molto propizio per la nostra vita.

Un devoto che era stato ospitato nella capanna di Unnikrishnan (ora Swami Turiyamritananda Puri), che conduceva la puja nel kalari, portò con sé una stuoia nuova quando ritornò all'ashram. Gli spiaceva che Unni dormisse sulla nuda terra e solo dopo essersi assicurato che da quel momento Unni avrebbe dormito sulla stuoia, se ne andò.

Qualche tempo dopo accadde che un uomo di Kattur ascoltasse per caso i bhajan che i brahmacharin di Amma stavano cantando nel tempio di Occira e, attratto da questi canti, decise di recarsi da Amma. Quando arrivò, rimase stupito nell'accorgersi che ciò che accadeva a Vallickavu aveva dell'incredibile. Osservò con curiosità i brahmacharin che, sebbene molto giovani, furono disposti a rinunciare a tutto per il bene del mondo e sedevano in meditazione profonda sulla riva delle backwater. Guardò con reverenza chi aveva cercato rifugio ai piedi di loto di Amma, abbandonando ogni comodità di questa epoca moderna in cui le persone rincorrono confusamente i piaceri materiali. Per l'intera durata del darshan noi residenti dell'ashram cantavamo inni devozionali e poi lavoravamo in cucina, nella stalla e aiutavamo nella costruzione di nuovi edifici compiendo tutti questi atti con un atteggiamento di rinuncia. Egli cercò di raccogliere maggiori informazioni su questi brahmacharin benedetti da Amma, parlando con ognuno di noi. Ci consigliò anche di ripetere per tre volte l'ultima strofa alla fine dei bhajan.

Unni, l'autore della maggior parte dei bhajan, divenne il centro della sua attenzione. Com'era riuscito a scrivere così tanti bei poemi? Come aveva potuto comporre canzoni che contenessero principi spirituali così sottili senza conoscere il sanscrito o possedere un'educazione superiore? Ma cos'è impossibile se la grazia del Guru ci accompagna? L'uomo, tuttavia, cercò ostinatamente di scoprire il segreto della poesia di Unni, interrogando minuziosamente brahmacharin e devoti. La risposta più chiara gliela fornì un devoto di nome Ayyappan che trascorreva tutto il tempo a leggere nel palmeto. Non è una buona azione usare l'arguzia per far ridere le persone? Ciò che accadde successivamente ne è la prova.

Ayyappan inventò all'istante una storia sul segreto della poesia di Unni e la svelò al devoto di Kattur: "Qualche anno fa un famoso yogi venne qui per qualche giorno. Durante la sua permanenza nell'ashram lo yogi, che possedeva grandi poteri occulti, stette nella capanna di Unni e prima di partire lasciò a Unni la stuoia sulla quale era solito sdraiarsi, permeata di energia divina. Il miracolo si verificò dopo la partenza dello yogi: quando Unni si sedette sulla stuoia, cominciarono ad affiorare in lui poemi che iniziò a scrivere senza fermarsi. Da quel momento, ogni volta che doveva comporre una poesia, Unni sedeva su quella stuoia!"

Il devoto di Kattur comprese che era la stuoia di paglia impregnata di energia divina il segreto della poesia di Unni e quella notte decise di dormire nell'ashram. Quando l'indomani Unni si alzò e cominciò ad arrotolare la sua stuoia, notò che ne mancava metà! Com'era accaduto? Unni mostrò a tutti i resti della sua stuoia e tutti risero vedendo com'era ridotta, ma nessuno ne conosceva la causa. Ad ogni modo Unni fu contento di aver perso metà della stuoia perché non avrebbe più dovuto usarla!

Due anni più tardi, Amma tenne un programma a Kattur e si fermò nella casa di quel devoto. Durante la sua permanenza, Amma aprì la porta della stanza della puja e quando entrò tutti notarono un fagotto avvolto nella seta posto dinanzi alla lampada a olio. Dopo aver celebrato la puja, Amma chiese al capofamiglia: "Figlio, cosa c'è in quel fagotto?"

Molto umilmente l'uomo replicò: "Amma, perché non lo apri?"

Lei cominciò ad aprire lentamente l'involucro, mentre tutti erano ansiosi di vederne il contenuto. Era stato sistemato con tanta cura davanti alla lampada a olio: che cosa dunque poteva essere? Amma tolse a uno a uno i vari strati di seta cangiante che lo avvolgevano e infine, quando apparve un logoro pezzo di stuoia di paglia, vi fu una risata generale: si trattava del pezzo mancante della stuoia di Unni! Persino chi non conosceva la storia stava ridendo e chi di noi la conosceva si sbellicava dalle risa! Amma prese quell'uomo innocente tra le braccia e lo strinse a sé. In seguito l'uomo venne all'ashram con i poemi da lui composti e che erano la dimostrazione delle meraviglie di cui è capace la fede innocente accompagnata dalla grazia di Amma.

Sono innumerevoli i prodigi che avvenivano alla sacra presenza di Amma. Coloro che erano oppressi dalla noia potevano recarsi nelle suggestive capanne di paglia adiacenti al kalari e ritrovare l'entusiasmo perduto e la purezza di un bambino. Di quanti travagli interiori è stato testimone il kalari! Chiunque si rechi in questo tempio benedetto, che sia un devoto, uno studioso, un razionalista, uno scienziato, un politico o un leader religioso, può vivere l'esperienza divina capace di trasformarlo in un individuo umile e puro di cuore.

Gli episodi che descrivono la vita di Kalidas ci narrano come il fiume di compassione di Kali trasformò una persona semplice in un poeta. Alla domanda di Kali: "Chi c'è all'interno?", egli non rispose: "Io", ma "Il tuo servitore". Può forse Dio non benedire chi si presenta a Lui con l'intenzione di voler servire? E davvero Madre Kali sommerse Kalidas d'infinite benedizioni.

Anche in questo luogo sacro accadono continuamente prodigi. Il Satguru può trasformare chiunque in un oratore, un erudito, un bardo o un devoto entusiasta. Se siamo uno strumento nelle mani di Dio, possiamo divenire qualsiasi cosa. Uno strumento non ha preferenze o avversioni e nemmeno rimostranze; uno strumento musicale attende pazientemente il tocco delle dita del musicista e si arrende tacitamente a lui. Tutti coloro che attendono con pazienza la pioggia della compassione del Guru, come i boccioli che s'impegnano infaticabilmente per potersi dischiudere, diventeranno fiori che non appassiranno mai, capaci di diffondere la dolce fragranza della spiritualità.

* * *

Vi sono storie che raccontano di come alcuni, che avevano compreso come le benedizioni di Amma potessero soddisfare ogni loro desiderio, cercarono di usarla per distruggere i loro nemici. Molte persone pagano per delle puja nei templi con lo scopo di annientare i loro avversari. Ma ciò che Devi distrugge non sono i nemici, bensì l'inimicizia che risiede nei cuori. In altre parole, l'eliminazione dei nemici non è altro che la trasformazione degli stessi in amici.

Un martedì notte, durante il Devi Bhava darshan, un uomo entrò nel kalari. Tutti lo notarono mentre recitava mantra a voce alta ed entrava nel tempio, evitando la lunga coda di persone in fila per il darshan. Non appena fu all'interno, mentre intonava i mantra, cominciò a cospargere il capo di Amma di fiori. Amma chiuse gli occhi e si immerse in meditazione, rimanendo immobile per almeno dieci minuti. Quando l'uomo terminò questa offerta, lei aprì gli occhi e con un'espressione grave gli chiese: "Figlio, quello che fai alla statua viene fatto anche al corpo?" Nessuno comprese il significato di quella domanda. "Amma, non c'era altro modo, ti prego perdonami!", fu la risposta. Sebbene le persone vicine all'uomo avessero udito le sue parole, non capirono a cosa si riferisse.

"Amma, ora è sufficiente che tu mi dia qualche fiore con la mano destra, e io me ne andrò immediatamente". Amma prese qualche fiore con la sinistra e glielo porse, ma l'uomo non voleva accettarlo. Continuò a insistere che Amma gli desse i fiori con la mano destra, ma Amma non sembrava cambiare idea. Le persone in attesa del darshan incominciarono a diventare impazienti. Alla fine l'uomo prese alcuni fiori, li premette contro la mano destra di Amma e se ne andò.

Che cosa aveva fatto quell'uomo? L'inquietudine tra i devoti crebbe mentre Amma, semplicemente, si limitò a sorridere. Per lei erano tutti lila. I devoti, rapiti dal dolce sorriso della madre che si diverte alle marachelle dei suoi figli, dimenticarono persino la questione, ma non fu così per me.

L'indomani Amma stessa spiegò cosa fosse accaduto. L'uomo che era arrivato recitando i mantra era il proprietario di una panetteria, Amma si ricordava benissimo di averlo visto a numerosi darshan. Un altro commerciante aveva aperto un negozio vicino alla sua panetteria e questo aveva causato una notevole perdita nei suoi guadagni. Il panettiere desiderava sbarazzarsi del nuovo negozio a tutti i costi e in numerose occasioni aveva supplicato Amma di aiutarlo. La convinzione che solo l'eliminazione del concorrente l'avrebbe aiutato lo spinse a cercare l'appoggio di Amma. Quando comprese che lei non avrebbe compiuto un atto che potesse nuocere a qualcuno, l'uomo, come ultima risorsa, si rivolse a un praticante di magia nera e apprese alcuni mantra che avrebbero costretto Devi a soddisfare alcune sue intenzioni. Stava recitando quelle formule quando cospargeva Amma di fiori. Sembra che lo stregone gli avesse detto che se Amma gli avesse dato i fiori con la mano destra, il suo piano avrebbe avuto successo!

"E accadde ciò che lui si aspettava?" chiesi.

"No, figlio. Amma ha formulato un sankalpa affinché la sua panetteria prosperi, ma allo stesso tempo non ha fatto nulla che possa causare il fallimento del negozio del suo concorrente. Ecco perché quando l'uomo iniziò a offrire i fiori a questo corpo pronunciando i mantra, Amma ha dovuto lasciare il corpo per breve tempo". Mi ricordai di come Amma fosse rimasta completamente immobile con gli occhi chiusi.

"Egli ha offerto i fiori solo a un corpo inerte e quindi le sue intenzioni non hanno portato alcun frutto. Tuttavia Amma sta pregando per un suo cambiamento".

Cosa è impossibile per i mahatma che possono lasciare volontariamente il proprio corpo? Essi desiderano solo il bene di tutti, non possono nuocere a nessuno, le loro vite sono poesie di amore eterno. Pertanto, finché esisterà questa creazione, il mantra dell'amore riecheggerà in tutto l'universo.

* * *

Nella vita, gli stati più alti di beatitudine non si possono esprimere. Moltissime cose che vanno oltre le parole accadono in continuazione alla sacra presenza di Amma. Una fede innocente ci può aiutare a ottenere ciò che ci sembra impossibile e per poter credere è sufficiente avere un cuore puro. Vedremo allora trasformarsi in realtà tutto quanto trapela dai reami interiori della consapevolezza.

La mente è instabile, fa nascere dubbi, cerca le prove per l'intelletto. Come le foglie spuntano sull'albero, così domande che generano dubbi sorgono in continuazione e sprechiamo tempo cercandone le risposte. Ciò che si potrebbe conseguire rapidamente attraverso un atteggiamento di abbandono viene perso a causa delle interferenze mentali. Un cuore che trabocca di amore non dubita, ma crede. Non è neppure esatto affermare che creda, perché il dubbio nasce dalla paura mentre la fede nasce dall'amore. Solo chi sa amare ha fede, poiché dove c'è amore non c'è posto per il dubbio né per le rimostranze. La devozione è la fragranza che emana dalla fede.

La logica è il prodotto di una società che sta soccombendo e che procede senza alcuna direzione; non è pratico seguire la logica nella vita. Un intellettuale che si precipita in ospedale con il figlio morente ha una fede cieca nel medico, non gli chiede di poter vedere il suo diploma di laurea prima di accettare che visiti il figlio e neppure somministra le medicine al figlio solo dopo averne studiato i principi attivi. Anche questa è fede cieca. Le sottili tendenze ribelli della mente ci esortano a negare Dio, ma quando la testa dell'ego viene recisa, noi diventiamo umili. Alla presenza di un Satguru come Amma, i suoi figli acquisiscono purezza mentale e riescono a ritrovare la propria innocenza innata. Ogni forma di fede è cieca, ma ciò nonostante quella che nasce dall'abbandono rimuove l'oscurità dell'ignoranza. Lo splendore divino dell'amore disperde le ombre del dubbio: questo è ciò che accade alla presenza del Guru.

Un giorno, durante il darshan, Amma chiese a un ragazzo seduto tra i devoti di avvicinarsi e di sedersi vicino a lei. Si misero a parlare a lungo e sul viso del ragazzo si poteva leggere la gioia di essere stato riconosciuto da Amma. "Amma, non ti sei dimenticata di me!" esclamò.

Udendo quelle parole Amma rise. "Figlio, è difficile dimenticare, non credi?" Capii che quella risposta non era rivolta solo a lui, ma alludeva probabilmente a come sia difficile raggiungere uno stato in cui si è dimenticato tutto (eccetto Dio).

Quel ragazzo aveva avuto la fortuna di ricevere il darshan di Amma qualche mese prima, quando Amma era stata accolta da alcuni devoti vicini a Konni, nel Kerala orientale. Al termine del programma lei aveva visitato una delle loro case. Mentre i devoti cantavano rapiti i bhajan con Amma, lei aveva notato un ragazzo che la fissava con devozione. Il padrone di casa lo presentò ad Amma. "Amma, lui canta veramente bene!" Amma lo avvicinò a sé e lo benedì. Il giovane cantò un inno di lode al Signore Ayyappa che Amma apprezzò enormemente.

Quel giorno era la prima volta che il ragazzo veniva all'ashram per vedere Amma. Pensava che non si sarebbe ricordata di lui, ma dalle parole di Amma si accorse che lei rammentava persino il testo della canzone che lui aveva cantato in quella occasione. Rimase seduto vicino a lei fino al termine del darshan desiderando dirle qualcosa, senza però riuscirvi. Amma gli chiese: "Figlio, cosa vorresti dire ad Amma?"

"Mi piacerebbe avere un violino", disse timidamente.

"Figlio, sei capace di suonarlo?"

"No, non lo so suonare, ma vorrei veramente poterlo fare. Ho studiato musica classica e se avessi un violino potrei imparare a suonarlo da solo. So che se Amma mi benedice, posso fare qualsiasi cosa".

Le parole innocenti del ragazzo dovettero commuovere il cuore di Amma poiché mi chiamò immediatamente: "Sri-mon, porta qui il tuo violino!"

Solo qualche giorno prima me ne avevano regalato uno. Sebbene suonassi il flauto, avevo cercato di imparare a suonare anche il violino quando l'avevo ricevuto. Questo mio nuovo interesse nascondeva un altro motivo: una volta avevo visto Amma suonare il violino. Un uomo aveva messo un violino in mano ad Amma affinché lo benedicesse e fu allora che avevo sentito Amma suonare una canzone. Quando Amma disse: "Figlio, Ganapati Swami ha insegnato ad Amma a suonare il violino", non capii subito a cosa si riferisse. Iniziai a chiedermi quanto fosse grande il violino del Signore Ganapati. Leggendomi nel pensiero, Amma disse: "Ehi, sciocco, non il Signore Ganapati, ma Ganapati Swami!"

Più tardi capii cosa intendeva. Ganapati Swami era uno dei primi devoti di Kollam e il suo desiderio era quello d'insegnare in qualche modo a suonare il violino ad Amma. Egli spiegò anche perché gli sarebbe piaciuto farlo. Sentiva che doveva fare in modo che i devoti vedessero e ascoltassero Devi stessa, che è la dea delle Arti, suonare uno strumento musicale. Ganapati Swami pose la domanda direttamente ad Amma: "Piccola, posso insegnarti a suonare il violino?"

Il Signore non esita a vestire i panni del giullare per la felicità del devoto! Amma acconsentì con gioia a imparare a suonarlo. Ciò che le persone comuni vedevano in Amma erano le sembianze e l'atteggiamento di una fanciulla. Ecco perché molti si rivolgevano a lei chiamandola "la Piccola (Kunju)". Per i devoti, vedere Amma divertirsi come una bambina birichina era fonte di grande beatitudine.

Il giorno seguente, Ganapati Swami venne per insegnare ad Amma a suonare lo strumento. Ganapati Swami era consapevole che, durante queste lezioni, Kunju avrebbe insistito a salire sulle sue spalle e quindi sapeva di dover stare all'erta. Le risposte di Amma cambiavano sempre in base alle convinzioni del devoto. Se qualcuno la chiamava "Piccola", lei rispondeva con "Padre" o "Madre"; se si rivolgevano a lei come "Madre", Amma probabilmente chiamava quella persona "Figlio" o "Figlia". Chi scorgeva in lei sia l'aspetto materno che filiale l'appellava "Ammachi-kunju". Pochi, come Ganapati Swami, vedevano in Amma la Dea stessa.

Già alla prima lezione aveva dovuto ammettere la sua sconfitta. Amma, che era pronta a imparare a suonare il violino, aveva chiesto a Ganapati Swami di suonare una canzone. Egli aveva iniziato con un inno ad Amma, il cui viso esprimeva la maestosità di Devi. Quasi immediatamente aveva notato Amma assorta in samadhi. Mentre suonava fissando estasiato Devi, le lacrime bagnavano il suo volto. Ogni giorno, quando Ganapati Swami si recava a insegnare ad Amma a suonare il violino accadeva la stessa cosa. Fu benedetto innumerevoli volte dalla vista di Amma in samadhi. Ganapati Swami deve aver assorbito le vibrazioni benedette del samadhi.

"Sei poi riuscito a insegnare ad Amma a suonare il violino?" chiese infine qualcuno a Ganapati Swami.

"Sono io che ho imparato", fu la sua risposta scherzosa.

"Cosa hai imparato?"

"Ho imparato che non si può insegnare a Devi".

Era una risposta sensata. Siamo noi che dobbiamo fare tesoro di ogni azione di Amma ed è questo il modo in cui il Guru ci insegna tutto quello che non si può apprendere. Lei scende al nostro livello e mette in scena le sue lila. Solo la sua compassione ci permette di vederla nei diversi aspetti.

Quando un devoto diede il suo violino ad Amma perché lo benedicesse, lei suonò una canzone per noi. Fu allora che sorse in me il desiderio di imparare a suonare il violino. Qualche giorno più tardi un uomo mi donò un violino e, con il permesso di Amma, lo accettai. Tentai più volte di imparare a suonarlo, venne persino all'ashram un insegnante da Karunagapally. Fui felice di vedere come lei stesse orchestrando varie situazioni perché fosse possibile per me farlo.

Fu quando le mie lezioni di violino stavano dando risultati che Amma disse: "Sri-mon, portami il tuo violino!" e lo consegnò a quel ragazzo. Decisi che il flauto era più vicino ai miei gusti e alle mie capacità e così le mie lezioni di violino terminarono.

Qualche settimana dopo fui colpito da una fotografia che vidi sulla prima pagina di un giornale: ritraeva il vincitore del premio annuale per il migliore violinista promosso dal Festival Nazionale della Gioventù. Tutti i quotidiani avevano pubblicato la sua foto con grande rilievo: si trattava proprio del ragazzo al quale Amma aveva dato il mio violino e le sue benedizioni!

Svegliatevi, figli miei!

30

Perché Dio ha creato questo mondo pieno di dolore? Perché tanta sofferenza in questa esistenza umana? Perché Egli ha creato questi alti ostacoli nel sentiero della vita?

Queste domande sorgono nei cuori di molti credenti. Nei momenti critici della vita, essi involontariamente si chiedono perché Dio ci abbia dato una vita così travagliata.

Amma dice: "Figli, nel mondo di Dio non esiste il dolore, Dio è la beatitudine stessa". Anche se cercassimo di mostrare le tenebre al sole, esso non le vedrebbe poiché non esiste alcuna oscurità nel mondo del sole. Ugualmente non c'è alcun dolore nel mondo di Dio. Egli non è responsabile dei problemi creati dall'oscurità dell'ignoranza.

Non esiste quindi alcuna soluzione alle nostre traversie? "Certo che sì", dice Amma, " esiste una soluzione a ogni nostro problema".

Dal punto di vista del Divino questi dolori non sono reali, anche se a noi sembra proprio che lo siano. Tale confusione è alla base di tutte le nostre pene. Per noi il dolore e la sofferenza che sperimentiamo sono effettivamente reali, per questo Dio deve assumere la forma di un Guru e scendere al livello dell'uomo. Ciò nonostante, le incarnazioni divine sono comunque in grado di permanere in un livello divino mentre si muovono fra gli esseri umani e perché questo sia possibile devono nascondere i propri attributi e assumere l'aspetto di un comune essere umano.

Supponiamo che ci sia un muro che divide il mondo divino da quello umano: la porta fra i due mondi è il Guru. In altre parole, Egli o Ella si muove in entrambi, conoscendone i segreti. Il Guru conosce bene sia il mondo di sofferenza dei mortali sia l'estasi dell'esperienza divina e attende di poterci rivelare il segreto della Liberazione dai dolori del samsara e riportare alla nostra memoria le potenzialità illimitate dell'esistenza umana. Egli inonda d'amore divino la grande moltitudine di devoti. Forse preghiamo già Dio, ma non possiamo essere sicuri che senta le nostre preghiere. Amma, tuttavia, è scesa fra noi come risposta alle nostre preghiere, in una forma facilmente visibile, vera incarnazione dell'amore, della compassione e del sacrificio di se stessi, irraggiando tutte le caratteristiche divine ed emanando a milioni di persone i raggi dorati della speranza.

Nonostante Dio sia sempre con noi, siamo incapaci di percepirlo attraverso i nostri sensi. Per poterlo sperimentare, dobbiamo trascendere il livello sensoriale e tale compito non è facile per una persona ordinaria. Ecco perché Dio ha preso una forma percepibile dai cinque sensi: attraverso la sua stessa vita, l'Incarnazione ci mostra come liberarci dalle sofferenze di questa esistenza e Amma sta facendo proprio questo. I Mahatma che hanno raggiunto *purnata* (la pienezza), non hanno più nulla da ottenere, tuttavia li si può vedere sempre impegnati nell'azione. Anche Amma lavora senza sosta per dare un esempio al mondo, per insegnarci il valore del tempo, per renderci consapevoli dei grandi compiti che possono essere eseguiti in una breve vita e per allenarci, attraverso tali compiti, affinché possiamo raggiungere la pienezza della realizzazione di Dio. Tutte le nostre azioni rispecchiano le nostre aspettative. L'egoismo rovina queste azioni, mentre quelle di Amma risplendono della bellezza dell'altruismo ed emanano la regalità del distacco.

Amma ascolta con pazienza le nostre pene e ci spiega come liberarcene, ma cerca anche di mettere in risalto la soluzione finale ai nostri problemi, donandoci consigli spirituali. Se nel sogno pensassimo di essere malati, andremmo all'ospedale del sogno e il dottore sognato ci prescriverebbe delle medicine; in questo modo la malattia del sogno verrebbe curata nel sogno. Se nel sogno subissimo un furto in casa, sporgeremmo denuncia alla stazione di polizia del sogno; non appena la polizia sognata ci restituisse i nostri beni recuperati, ci sentiremmo subito meglio. In modo simile, migliaia di persone vengono da Amma per trovare un sollievo temporaneo alle loro sofferenze e lei risolve i loro problemi. Quando un ammalato viene assistito, si sente molto meglio. Un disoccupato ha sollievo quando trova lavoro, alcuni trovano consolazione quando finalmente riescono a sposarsi, altri quando la loro situazione finanziaria migliora. Grazie al potere del *sankalpa* di Amma, le nostre piccole difficoltà vengono risolte. Tuttavia molti altri problemi ci aspettano: questa è la natura del mondo. Le soluzioni che troviamo sono solo momentanee e, quando ce ne renderemo conto, ci arrenderemo al Guru, prendendo rifugio ai suoi piedi al fine di godere della pace eterna e il Guru distruggerà tutti i nostri desideri. Le cose che ci sembrano attraenti da lontano, viste da vicino sono tutt'altro che allettanti! Una volta un tale sentì dei suoni accattivanti e si avviò in direzione della musica. I suoni provenivano da molto lontano. "Come sono belli!", pensò e, avvicinatosi, ascoltò con attenzione: era una musica prodotta da molti tamburi suonati contemporaneamente con grossi bastoni. E quando si avvicinò ancora? Quel ritmo assordante spaccava i timpani! Il suono non era poi così dolce come gli era sembrato da lontano. Così il suo entusiasmo scemò e voleva solo fuggire per salvarsi!

Molti oggetti materiali che oggi ci sembrano desiderabili potranno sembrarci sgradevoli domani. L'esperienza lo proverà. Ci sarà un giorno in cui sospireremo, pensando a tutte quelle cose per le quali abbiamo sprecato la nostra vita. Ecco perché Amma dice: "Figli, dobbiamo essere pronti a imparare dalle nostre esperienze di vita e a correggere gli errori. Quando cadiamo, invece di giacere in lacrime sul pavimento, dovremmo cercare di rialzarci!" Amma ci consiglia di librarci in estasi verso le vette della spiritualità, considerando il fallimento come un messaggero del successo. Se Amma ci sostiene, la vittoria è assicurata! Dobbiamo raggiungere il reame del Sé, che è oltre il corpo, la mente e l'intelletto. Dobbiamo ottenere la "Pienezza"; è da stolti desiderare di rimanere per sempre nella culla, come bambini. Il padre e la madre vogliono che il neonato cresca e realizzi la sua vita. Anche Dio si aspetta qualcosa da noi!

Madre Natura è in attesa del glorioso momento in cui ognuno di noi acquisirà la Pienezza. Troveremo la via verso la pace eterna se sapremo accogliere l'infinita grazia del Guru.

Amma dice che c'è un'unica soluzione a tutti i problemi: destarsi, destarsi da questo sonno! "Svegliatevi, figli miei!", è l'esortazione di Amma. Non dobbiamo spaventarci vedendo l'orrore nel mondo del sogno, poiché esso non ha presa sullo stato di veglia. Ma occorre che qualcuno, sveglio accanto a chi si lamenta nel sonno, lo svegli dal suo incubo: ecco il ruolo del Guru! Il mondo intero è immerso nella palude dell'illusione, il Guru cerca di destarlo ma esso si prende gioco di lui e anche oggi continua a perseguitare i mahatma che operano solo per il bene del mondo.

Senza curarsene, quel fiume d'amore simile al Gange, vera personificazione del sacrificio di sé, continua a scorrere verso tutti.

Glossario

Abhishekam– Abluzione rituale offerta solitamente alle divinità di un tempio.
Adi Shankaracarya– Santo vissuto circa 500 anni prima di Cristo, venerato come Guru e principale esponente dell'Advaita (filosofia del Non-dualismo) secondo la quale la creazione e il Creatore sono in realtà un'unica cosa.
Acchan– 'Padre' in lingua malayalam. Al vocativo 'Accha'.
Ambadi– Luogo dove crebbe il Signore Krishna.
Amma(chi)– 'Madre' in malayalam.
Annapurneshvari– La dea che elargisce cibo che ci sazia completamente.
Antaryami– Colui che dimora in tutti gli esseri.
Archana– Recita della litania dei nomi divini.
Ashram– Monastero. Amma definisce questo termine composto da due parole: 'a' e 'shramam,' che significa 'quello sforzo' (verso la realizzazione del Sé).
Atma– Sé o Anima.
Avadhuta– Persona illuminata il cui comportamento è spesso eccentrico e al di fuori delle convenzioni sociali.
Avadhuta Gita– I consigli che il saggio Dattatreya diede al re Yadu, scritti in versi e suddivisi in otto capitoli.
Bhagavad Gita– Letteralmente 'Canto del Signore'; è costituita da 18 capitoli in versi ed espone l'insegnamento che il Signore Krishna diede ad Arjuna sul campo di battaglia di Kurukshetra prima che i giusti Pandava combattessero contro i malvagi Kaurava. È una guida pratica per affrontare una situazione di crisi nella propria vita personale e sociale e rappresenta l'essenza della saggezza vedica.
Bhajan– Canto devozionale o inno di lode a Dio.

Bhava– Stato o atteggiamento divino.
Bhakti– Devozione.
Brahma– Signore della creazione nella Trinità indù.
Brahman– Verità Ultima, oltre ogni attributo; il substrato onnisciente, onnipotente e onnipresente dell'universo.
Brahmacharin– Discepolo celibatario che pratica discipline spirituali sotto la guida di un Guru. Brahmacharini è l'equivalente femminile.
Bramino– Membro della casta sacerdotale.
Circumambulazione– Pratica rituale che consiste nel camminare intorno a un oggetto di culto (es. tempio).
Crore– Un crore corrisponde a 10 milioni, ovvero 100 lakh. Un lakh equivale a 100.000.
Dakshina– Onorario offerto dal discepolo al Guru come segno di gratitudine e apprezzamento.
Darshan– Incontro con un santo o visione del Divino.
Devi– Dea / Madre Divina.
Devi Bhava– 'Lo stato divino in cui dimora la Dea'(Devi), la condizione in cui Amma rivela la sua unità e identità con la Madre Divina.
Dharma– Letteralmente 'ciò che sostiene' (la creazione). Termine utilizzato abitualmente per indicare l'armonia dell'universo, un codice comportamentale giusto, un dovere sacro o la legge eterna.
Divinità– Dio o Dea del pantheon indù. Gli indù credono nell'esistenza di 33 crore (330 milioni) di figure divine che potrebbero essere considerate come la possibilità da parte dell'Essere Divino indivisibile di assumere un numero infinito di forme.
Durga– Una delle forme della Dea.
Ganapati– vedere Ganesh.
Ganesh(a)– Altro nome di Ganapati. Dio con la testa di elefante, figlio del Signore Shiva, invocato per rimuovere gli ostacoli.

Gopi– Pastorelle di Vrindavan. Le gopi erano note per la loro ardente devozione per il Signore Krishna. La loro devozione rappresenta l'amore più intenso per Dio.

Guna– Uno dei tre tipi di qualità (sattva, rajas e tamas). Gli esseri umani sono l'espressione della combinazione di queste qualità. Le qualità sattviche sono associate alla calma e alla saggezza, le qualità rajasiche all'attività e all'irrequietezza, le attività tamasiche al torpore o all'apatia.

Guru– Maestro spirituale.

Gurukula– Letteralmente, il clan (kula) del precettore (Guru); scuola tradizionale in cui gli studenti restano con il Guru per l'intera durata dei loro studi (circa 12 anni), durante la quale il Guru trasmette gli insegnamenti accademici e sacri contenuti nelle Scritture nonché i valori spirituali..

Hatha Yoga– Ramo dello Yoga che ha come scopo l'armonizzazione del corpo, della mente e dell'anima attraverso posture fisiche.

Ilanji– Nome indiano del fiore dell'albero tropicale Mimusop Elengi. In inglese è chiamato kabiki.

Ishta devata– Forma preferita del Divino.

Jagadambika– Madre dell'universo.

Jagadishvari– Dea dell'universo.

Jaganmata– Madre dell'universo.

Japa– Recitazione ripetuta di un mantra.

Jivatma– Sé individuale o Anima.

Jnana– Conoscenza della Verità.

Jnani– Conoscitore della Verità.

Kalamezhuttu– Immagini decorative di divinità disegnate sul pavimento con polvere colorata. I canti Kalamezhuttu sono inni che si riferiscono a queste immagini divine.

Kalari– Generalmente indica un tempio che non contiene alcuna statua o immagine del Divino. In questo contesto indica un tempio ancestrale appartenuto alla famiglia di Amma nel quale lei teneva abitualmente i darshan, compresi il Krishna Bhava e il Devi Bhava darshan.

Karma– Termine che indica sia le azioni consce sia la catena degli effetti prodotti dalle nostre azioni.

Kartika– Nome della terza costellazione, le Pleiadi.

Kaurava– I cento figli del re Dhritarashtra e della regina Gandhari, di cui il malvagio Duryodhana era il maggiore. I Kaurava erano i nemici dei virtuosi Pandava, loro cugini, contro i quali combatterono nella guerra del Mahabharata.

Kavadi– Palo arcuato e decorato che i devoti del Signore Muruga trasportano durante il Taipuyam.

Krishna– Incarnazione principale del Signore Vishnu. Nato in una famiglia reale, venne tuttavia cresciuto da genitori adottivi e visse come giovane pastore a Vrindavan, dove fu amato e adorato dai suoi devoti compagni, le gopi e i gopa. Successivamente Krishna si stabilì nella città di Dwaraka. Fu amico e consigliere dei suoi cugini, i Pandava, soprattutto di Arjuna, che servì come auriga durante la guerra del Mahabharata e al quale rivelò i suoi insegnamenti raccolti nella Bhagavad Gita.

Krishna Bhava– 'Lo stato divino di Krishna', lo stato in cui Amma rivela la sua unità e identità con il Signore Krishna.

Kunju– 'Piccola'. Alcuni devoti avevano l'abitudine di chiamare Amma 'Kunju' o 'Ammachi-kunju'.

Kundalini Shakti– Potere spirituale, personificato come un serpente arrotolato nel muladhara chakra, un centro psichico di potere spirituale situato vicino al coccige, alla base della colonna vertebrale. Durante il processo di risveglio spirituale, il serpente del potere spirituale sale lungo la colonna vertebrale fino a raggiungere il sahasrara chakra, o chakra della corona posto alla sommità del capo, rappresentato come un loto dai mille petali; questo processo si verifica quando la persona raggiunge l'illuminazione spirituale.

Lalita Sahasranama– Litania dei 1.000 nomi di Sri Lalita Devi, una forma della Dea.

Lakh– 100.000.

Lampada di Kartika– Lampada accesa nel giorno di Kartika.

Lila– Gioco divino.

Madan– Semidio simile a un demone.

Maha– Prefisso rafforzativo, per esempio un mahajnani è un grande o illustre (maha) conoscitore della Verità (jnani).

Mahabali– vedere Onam.

Mahabharata– Antica epopea indiana, composta dal saggio Vyasa, che narra la guerra tra il clan dei giusti Pandava e quello dei malvagi Kaurava.

Mahatma– Letteralmente 'grande anima'. Utilizzato per descrivere chi ha raggiunto la realizzazione spirituale suprema.

Malayalam– Lingua parlata nello stato indiano del Kerala.

Malayali– Chi parla malayalam come madrelingua.

Manasa Puja– Adorazione eseguita mentalmente.

Math– Monastero indù.

Maya– Illusione cosmica, personificata come una tentatrice.

Minakshi– Un'altra forma della Dea. Immagine adorata in un tempio a Madurai che dà origine al soprannome Madurai Minakshi.

Moksha– Liberazione spirituale.

Mol– 'Figlia' in malayalam.

Mon– 'Figlio' in malayalam.

Mudra– Gesto dal significato mistico eseguito con le mani e le dita.

Muladhara Chakra– vedere Kundalini Shakti.

Mundu– Telo che gli uomini avvolgono intorno alla vita per coprire la parte inferiore del corpo.

Muruga– Figlio del Signore Shiva e che ha come veicolo divino il pavone. È anche conosciuto come Subrahmanya.

Naga– Serpente. I templi dedicati ai Naga ospitano divinità dalla forma di serpente. Gli Indù adorano tutti gli esseri come personificazione del Divino.

Om– Suono primordiale dell'Universo; il seme della creazione.

Onam– Festival del raccolto nel Kerala, una delle festività più popolari con celebrazioni che durano 10 giorni. È legato alla leggenda dell'incontro di Mahabali e Vamana. Mahabali era un governatore buono e giusto, amato da tutti i sudditi per le sue leggi esemplari. L'unico suo difetto era lo smisurato orgoglio che nutriva per la sua generosità. Un giorno, mentre faceva regalie ai sudditi, un giovane bramino, Vamana, gli si avvicinò e gli chiese in dono un terreno che si sarebbe potuto misurare con tre passi. Vedendo che il giovane era piccolo, Mahabali accondiscese. Vamana, che in realtà non era altri che il Signore Vishnu, ingigantì all'istante: con il primo passo coprì la terra intera e con il secondo tutte le altre regioni dell'universo. Non avendo altro da donargli, Mahabali gli offrì la propria testa come appoggio per il terzo passo, gesto che simboleggia l'abbandono dell'ego. Il Signore Vishnu esiliò Mahabali negli inferi, rimanendo a guardia della sua dimora. Si dice che in occasione di Onam, Mahabali faccia ritorno sulla terra per visitare i suoi antichi sudditi.

Pada Puja– Cerimonia di adorazione dei piedi di una persona cui si porta rispetto, generalmente viene offerta a un Guru.

Panchabhuta– I cinque (pancha) elementi (bhuta) materiali costitutivi della creazione: akasha (etere), vayu (aria), agni (fuoco), jalam (acqua) e prithvi (terra).

Panchamritam– Budino preparato con cinque ingredienti.

Pandava– I cinque figli del re Pandu ed eroi del Mahabharata.

Pappadam– Tipo di frittella salata, sottile e croccante a base di farina di fagioli neri (black-gram).
Paramahamsa– Grande Santo.
Paramatma– Sé Supremo (cosmico), anima cosmica.
Parameshvara– Letteralmente, 'Dio Supremo', un appellativo del Signore Shiva.
Parashakti– Potenza Suprema personificata come la Dea o l'Imperatrice dell'universo.
Parvati– Consorte del Signore Shiva.
Payasam– Pudding dolce.
Prana Shakti– Forza vitale.
Pranava– Sillaba mistica 'Om'.
Prarabdha– I frutti delle azioni delle vite passate che un individuo è destinato a sperimentare nella vita attuale.
Prasad– Offerta consacrata, generalmente di cibo.
Puja– Cerimonia di adorazione.
Purnam / Purnata– Pieno o completo/Compiutezza spirituale.
Purvashram– Letteralmente 'ashram precedente'. Chi ha intrapreso il percorso monastico spezza i legami con la vita vissuta fino ad allora e si riferisce ai membri della propria famiglia biologica o alla casa in cui abitava prima di entrare in monastero come a una parte del suo purvashram. Pertanto 'madre purvashram' significa madre biologica (contrapposta alla madre spirituale).
Rajas– vedere Guna.
Ramana Maharshi– Maestro spirituale illuminato (1879–1950) vissuto a Tiruvannamalai, nel Tamil Nadu. Come percorso verso la Liberazione raccomandava l'investigazione introspettiva, sebbene approvasse altri percorsi e pratiche spirituali.
Rishi– Veggenti o saggi realizzati che percepivano i mantra in meditazione.
Sadhana– Pratiche spirituali.
Sadhak– Aspirante o ricercatore spirituale.

Sahasrara Chakra– vedere Kundalini Shakti.

Samadhi– Letteralmente, 'cessazione di tutte le fluttuazioni mentali', unità con Dio, stato trascendente nel quale si perde completamente il senso di identità individuale.

Sankalpa– Ferma intenzione; termine abitualmente riferito ai mahatma.

Samsara– Ciclo di nascite e morti.

Sanatana Dharma– Letteralmente, 'Religione Eterna', il nome originale dell'Induismo.

Sannyasi– Monaco che ha preso i voti formali di rinuncia (sannyasa); tradizionalmente indossa abiti color ocra che indica l'aver 'bruciato' tutti i desideri.

Satguru– Letteralmente, 'Vero Maestro'. Colui che pur vivendo la beatitudine del Sé sceglie di scendere al livello della gente comune per aiutarla a crescere spiritualmente.

Sattva– vedere Guna.

Satya Yuga– vedere Yuga.

Seva– Servizio disinteressato.

Sevak– Chi svolge il seva; volontario.

Shiva–Signore della distruzione nella Trinità indù.

Svapna Darshan– Visitazione divina in sogno.

Taipuyam– Giorno di puyam (pushyam), l'ottavo asterismo lunare, nel mese di Tai (da metà gennaio a metà febbraio). Giorno tradizionalmente dedicato al Signore Muruga. I devoti portano un kavadi decorato con piume di pavone per propiziare Muruga. Molti di questi portatori danzano. Alcuni si trafiggono con lance o tridenti, altri, come parte del voto intrapreso, camminano su un letto di carboni ardenti.

Tamas– vedere Guna.

Tapas– Penitenza o austerità spirituali.

Tejas– Radiosità che proviene dallo spirito.

Tirtham– Acqua consacrata.

Trikala jnani– Appellativo che designa un essere illuminato che conosce tutto del passato, del presente e del futuro, ovvero dei periodi temporali.

Tulasi– Basilico dolce o sacro (Ocimum Sanctum).

Upanishad– Parte dei Veda che espongono la filosofia del Non-dualismo.

Upavasa– Letteralmente 'vivere vicino' (al Signore); termine utilizzato spesso per indicare in modo figurato il digiuno.

Vallickavu– Luogo dove si trova l'ashram di Amritapuri. Spesso Amma viene designata come 'Vallickavu Amma'.

Vaikunta– Dimora del Signore Vishnu; talvolta questa parola viene usata per indicare in modo figurato il paradiso.

Vasana– Tendenze latenti o desideri sottili presenti nella mente che si manifestano come azioni o abitudini.

Vastu shastra– Scienza indiana, simile al Feng Shui, che studia la giusta posizione degli oggetti di una casa per convogliare il flusso di energia positiva e deviare quella negativa.

Veda– Le più antiche di tutte le Scritture; i Veda non furono composti da persone, ma furono 'rivelati' agli antichi rishi mentre si trovavano in meditazione profonda. I mantra che li compongono sono sempre esistiti in natura sotto forma di vibrazioni sottili; i rishi raggiunsero uno stato di assorbimento interiore così profondo da riuscire a percepire questi mantra.

Vina– Strumento tradizionale indiano a corde.

Vishnu– Nella Trinità indù, il Signore che presiede alla preservazione dell'Universo.

Vrishika– Il quarto mese del calendario malayalam.

Yajna– Sacrificio inteso come offerta rituale.

Yakshi– Semidea.

Yama– Signore della morte.

Yoga / Yogi– 'Yoga' significa unione con l'Essere Supremo. Lo yogi è colui il quale ha raggiunto questa unione o si trova sul percorso che porta all'unità trascendente.

Yoga Vasishta– Raccolta di insegnamenti compilata dal Saggio Vasishta, il Guru del Signore Rama, una delle incarnazioni di Vishnu. Testo antico composto di racconti che espongono la filosofia del Non-dualismo.

Yuga– Periodo o era. Secondo la cosmologia indù, l'esistenza dell'universo (dall'origine alla dissoluzione) è caratterizzata da quattro ere. La prima è il Satya Yuga, durante la quale nella società regna il dharma o satya (verità). Ogni periodo vede il declino progressivo del dharma. La seconda era è conosciuta come Treta Yuga, la terza come Dvapara Yuga e la quarta, quella in cui siamo attualmente, come Kali Yuga.

www.ingramcontent.com/pod-product-compliance
Lightning Source LLC
LaVergne TN
LVHW051547080426
835510LV00020B/2886